Dieses Buch gehört

Oliver Holtz 2b

Indianer-
geschichten

von Renate Jacob
mit Illustrationen von Rooobert Bayer

gondolino

© gondolino in der
Gondrom Verlag GmbH, Bindlach 2002
Reihenlogo: Klaus Kögler
Coverillustration: Silke Voigt
ISBN 3-8112-1982-0

Der Umwelt zuliebe gedruckt auf chlorfrei gebleichtem Papier.

Inhalt

Kriegsbemalung

In Ninas Zimmer wurde Kriegsrat abgehalten. Die Lage war ernst. Beim diesjährigen Sommerfest der Schule wollte die Klasse 3b als Indianertruppe auftreten. Wo doch völlig klar war, dass Max, Niklas, Nina, Robert und Kevin aus der 3c die einzig wahren Indianer waren.

Sie hatten schon einen wunderschönen Indianertanz eingeübt und waren bereits eifrig dabei, Kostüme für ihren großen Auftritt zu basteln.

Max hatte beinahe alle Federn für seinen Häuptlingsschmuck zusammen und Nina hatte schon fast ihr Stirnband fertig bestickt, das sie als echte Squaw tragen wollte.

Und nun diese miese Konkurrenz! Da half nur eines: Man musste das Kriegsbeil ausgraben!!!

Max, der gerade wieder mal Häuptling war, machte den Vorschlag, man solle noch an diesem Nachmittag zu dem feindlichen Stamm der Klasse 3b gehen und ihnen ein für alle mal klar machen, dass es nur eine Indianertruppe geben konnte und das waren die Indianer vom Stamme 3c und ihr Häuptling „Schneller Fuß!" Hugh! So sollte es sein!

„Wenn wir auf den Kriegspfad ziehen wollen, müssen wir auch Kriegsbemalung anlegen!", gab Niklas zu bedenken. „Das wirkt dann viel echter."

Da stimmten ihm alle zu und Nina holte gleich ihre Faschings- Schminke. Max ließ sich als Erster von Nina mit den bunten Farben aus dem kleinen Schminkkästchen bemalen.

Nina konnte das sehr gut. Zuerst zog sie einen langen Strich mit weißer Farbe auf Max' Stirn. Dann malte sie ihm einen roten Strich auf die Nase. Das sah schon sehr kriegerisch aus. Nachdem sie dann noch von der Nase aus auf jeder Seite drei Striche in rot, blau und gelb gezogen hatte, war der große Häuptling sehr zufrieden mit seinem Aussehen und Nina fing an sich selber zu schminken.

Robert drängelte sich vor den Spiegel und malte sich Punkte ins Gesicht. Niklas guckte sehr skeptisch. „Das sieht nicht aus wie Kriegsbemalung, eher wie Masern!", stellte er fest. Robert stapfte

maulig ins Bade-
zimmer und wusch
sich die Farbe wie-
der ab.

Niklas nahm so-
fort seinen Platz vor
dem Spiegel ein und
malte fachgerechte Schlangenlinien auf seine Stirn
und Wangen.

Da Kevin noch mit dicken Hamsterbacken einen
Apfel kaute, fiel seine Kriegsbemalung etwas unge-
wöhnlich aus, aber er fand sich durchaus Furcht
erregend.

Niklas guckte von einem zum andern und fand,
dass sie alle sehr kriegerisch aussahen.

„Wenn die Indianer auf den Kriegspfad zogen,
hatten sogar ihre Pferde Kriegsbemalung", sagte
Niklas, und der musste es wissen, denn Niklas hatte sehr viele Bücher über Indianer gelesen.

Max war begeistert. „Wir müssten auch Pferde
mit Kriegsbemalung zum Kriegsrat mit der 3b mit-
bringen. Das würde Eindruck machen."

Alle waren etwas ratlos. Keiner hatte ein Pferd. Auch Max konnte außer dem Schaukelpferd seines kleinen Bruders beim besten Willen kein Pferd vorweisen.

Man saß eine Weile ratlos im Kreis. Da fiel Ninas Blick auf ihren Dackel Basti, der friedlich in seinem Körbchen schlief. Basti war zwar kein Pferd, aber ein Dackel mit Kriegsbemalung, das hatte doch auch nicht jeder.

Max hielt Basti für besonders geeignet, da er so schön lang war. Einen halben Hund hoch und zwei Hund lang nannte er ihn immer. Für Robert war Basti eine Bratwurst auf Beinen, aber Dackel mit Kriegsbemalung fand er auch eindrucksvoll.

Da alle überzeugt waren, lockte Nina Basti mit seinen Lieblings-Hundekuchen aus seinem Körbchen. Und während Nina Basti fütterte, malte Niklas vorsichtig und liebevoll bunte Streifen auf Bastis langen Dackelrücken.

Basti schien es zu gefallen. Er genoss es im Mittelpunkt zu stehen, mit Hundekuchen gefüttert zu werden und sich streicheln zu lassen.

Doch nach kurzer Zeit wurde es Basti zu dumm. Die Hundekuchen waren aufgegessen und die Streichelei ging ihm auf die Nerven. Wie ein geölter Blitz sauste er aus dem Kinderzimmer, rein in das Wohnzimmer und wälzte sich erst mal ausgiebig auf dem Teppich.

Die Dackel-Kriegsbemalung verteilte sich als bunte Flecken auf dem Teppich und da kam auch schon Ninas Mutter ins Wohnzimmer um zu gucken, was Basti anstellte, denn der Dackel stellte eigentlich immer etwas an.

Aber auf so etwas war Ninas Mutter nicht gefasst. Basti rekelte sich auf dem Rücken und hinterließ eine bunte Spur.

Als Ninas Mutter dann ins Kinderzimmer kam, sahen sofort alle Indianer, dass sie auf dem Kriegspfad war, auch ganz ohne Kriegsbemalung.

„Was soll das?", fragte sie nur kurz.

„Wir wollen auf den Kriegspfad gegen die 3b, deshalb die Kriegsbemalung, und die Indianer bemalen auch ihre Pferde, aber wir haben doch kein Pferd, also haben wir Basti bemalt um die Krieger der 3b zu beeindrucken", erzählten alle durcheinander.

Ninas Mutter musste lachen. Einen Dackel mit Kriegsbemalung hatte wirklich nicht jeder.

„Und warum wollt ihr das Kriegsbeil ausgraben?"

„Weil die 3b auch eine Indianer-Truppe auf das

Sommerfest der Schule schicken will und es ist doch völlig klar, dass es nur einen Indianerstamm geben kann, und das sind wir", sagte Max würdevoll.

„Das ist gar nicht klar", meinte Ninas Mutter. „Es hat sehr viele ganz unterschiedliche Indianerstämme gegeben, warum sollten dann nicht auch auf dem Sommerfest zwei verschiedene Stämme auftreten."

Niklas gab ihr sofort Recht. Warum nicht Irokesen und Sioux oder Apachen und Komantschen?

Bald sahen alle ein, dass das keine schlechte Lösung war. Man würde die 3b nicht aufsuchen um das Kriegsbeil auszugraben, sondern um gemeinsam zu beratschlagen, wie die beiden Stämme ein tolles Programm zusammenstellen könnten.

Doch bevor sie diese Idee in die Tat umsetzen konnten, mussten sie Ninas Mutter noch helfen den Dackel zu baden und die Kriegsbemalung aus dem Teppich herauszurubbeln.

Der Wettlauf

„Schöne Blume" saß traurig am Ufer des Flusses und warf missmutig kleine Steine ins Wasser. Sie hatte oft mit ihren Freundinnen hier gesessen und die Mädchen hatten gewettet, wer die Steine am weitesten werfen konnte. „Schöne Blume" konnte weit und kraftvoll werfen und hatte darum in diesem Spiel oft gewonnen.

Aber seit ein paar Tagen übten die Mädchen nur noch für den Wettlauf, der beim nächsten Fest stattfinden sollte.

Die Sioux feierten gerne Feste zu Ehren ihrer Geister und Ahnen oder als Dank für eine gute Jagd. Bei diesen Festen spielten die Männer ein Ballspiel, bei dem sie mit ihren Schlägern einen kleinen Lederball in das Tor der gegnerischen Mannschaft schlagen mussten. Oder sie lieferten sich Wettrennen auf ihren Pferden.

Beim Jagdspiel der Jungen stellte eine Partei die Bisons dar und die anderen waren die Jäger, die die Bisons fangen mussten.

Die Jungen übten sich auch im Wettschießen mit Pfeil und Bogen und jeder wollte natürlich zeigen, dass er am besten treffen konnte.

Die Mädchen trainierten eifrig für ihren Wettlauf. So wie die Jagdspiele wichtig für die Jungen waren, da sie ja später einmal auf die Jagd gehen wollten, so wichtig war es, dass auch die Mädchen schnell laufen konnten, falls ihr Dorf einmal von feindlichen Stämmen überfallen werden sollte.

Aber „Schöne Blume" konnte einfach nicht schnell laufen. Bisher hatte sie jeden Wettlauf verloren und war immer als Letzte durch das Ziel gekommen.

Die anderen Mädchen hatten gelacht, wenn sie prustend und keuchend endlich ankam und sich vor Wut auf den Boden fallen ließ. „Oh, und ihr wollt Freundinnen sein? Ich habe nie gelacht, wenn ihr die Steine nicht so weit werfen konntet wie ich. Und ich habe nie über euch gelacht, wenn ihr auf einem

Baumstamm über den Bach laufen wolltet und mit einem Platsch ins Wasser gefallen seid!", empörte sich „Schöne Blume".

Und wütend ging sie weg, rannte zum Fluss und saß da und warf voller Wut und Kummer ganz alleine kleine Steine ins Wasser.

Plötzlich raschelte und knackte es im Gebüsch neben ihr und „Schneller Hirsch", ein Indianerjunge ihres Stammes, stand vor ihr. „Schneller Hirsch" war ungefähr so alt wie „Schöne Blume" und er mochte sie gerne. Darum gefiel es ihm gar nicht, dass sie jetzt so traurig am Ufer des Baches saß.

„Was hast du, ‚Schöne Blume'? Warum spielst du nicht mit den anderen? Warum sitzt du ganz alleine hier?", fragte er sie.

„Keine Lust!", sagte „Schöne Blume". „Immer üben sie nur für den Wettlauf!"

„Aber wir üben auch für die Wettkämpfe zum großen Fest", sagte „Schneller Hirsch". „Was ist daran falsch? Das macht doch Spaß!"

„Aber mir macht es keinen Spaß, beim Wettlauf ständig zu verlieren! Immer komme ich als Letzte an und alle lachen über mich! Und das macht keinen Spaß!", schimpfte „Schöne Blume".

„Schneller Hirsch" guckte sie verblüfft an. „Dann musst du nur weiter trainieren, bis du genauso gut wie die anderen Mädchen bist ... oder noch schneller", sagte er.

„Das hilft nichts!", maulte „Schöne Blume". „Ich kann es eben nicht!"

„Glaubst du, ich hätte meinen Namen einfach so bekommen? Nein, auch ich habe trainiert und immer wieder trainiert, damit ich schnell wie der Wind, schnell wie ein Hirsch wurde", sagte „Schneller Hirsch" ernsthaft. „Und jetzt komm, wir üben zusammen!"

Er nahm „Schöne Blume" an die Hand und beide gingen auf eine Lichtung im Wald, wo sie niemand sehen konnte, denn es sollte eine Über-

raschung für die anderen Mädchen werden, wie schnell „Schöne Blume" laufen konnte.

„Schneller Hirsch" zog einen Strich auf dem Sandboden. „Siehst du da vorne den Baum? Bis dahin sollst du erst einmal laufen. Wenn das gut geht, läufst du morgen ein Stück weiter und dann übermorgen noch ein Stück weiter", sagte er. „Und jetzt musst du dir vorstellen, dass ein wilder Büffel hinter dir her ist. Er kommt näher und näher, du hörst ihn schon schnauben und dann läufst du immer schneller. So habe ich es auch gemacht und so bin ich der schnellste Läufer von allen geworden", sagte „Schneller Hirsch".

„Schöne Blume" war nicht so sicher, dass das auch bei ihr funktionieren würde, aber sie wollte es versuchen. Und so trainierte sie, bis die Sonne unterging, und auch am nächsten Tag und an den darauf folgenden Tagen übte sie mit „Schneller Hirsch" laufen und sie wurde immer besser.

Endlich war der Tag des Festes und der Wettkämpfe da. Auch Indianer von anderen befreundeten Stämmen waren gekommen. Alle hatten Festtags-Kleidung an. Und auch die Pferde waren schön herausgeputzt.

Man traf seine Freunde und erzählte von der Jagd und von wilden Abenteuern. Dann gingen die Wettkämpfe los.

Zuerst zeigten die Jungen, wie gut sie mit Pfeil und Bogen umgehen konnten. Dann folgte ein ausgelassenes Jagdspiel, bei dem jeder jeden jagte.

Und dann war der Wettlauf der Mädchen an der Reihe. „Schöne Blume" war sehr aufgeregt. Sie stellte sich mit den anderen Mädchen in einer Reihe auf. Einige kicherten und schauten mitleidig zu „Schöne Blume" herüber.

„Schöne Blume" sah, dass „Schneller Hirsch" an der Laufstrecke stand und sie aufmunternd ansah. Ihr fiel alles ein, was er ihr beigebracht hatte: Du musst ruhig atmen, damit du nicht so schnell aus der Puste kommst, du musst kleine, kurze Schritte machen, damit du dich kräftig vom Boden abstoßen kannst ... und denke an den wilden Büffel, der hinter dir her ist! So hörte sie ihn in Gedanken reden.

Der Häuptling „Adlerfeder" stellte sich an den
Start der Laufstrecke. Sein gewaltiger Kopfschmuck aus vielen Federn bewegte sich leicht im
Wind. Der Häuptling blickte die Mädchen freundlich an und sagte, es sei gut, wenn die Mädchen

schnell rennen können, damit sie jedem Feind davon laufen könnten.

Als dann der weise Häuptling den Lauf startete, war „Schöne Blume" ganz ruhig. Sie lief los ohne an die anderen Mädchen zu denken. Sie stellte sich vor, wie es wäre, wenn ein wütender Büffel hinter ihr herrennen würde, sie spürte schon seinen Atem, ... sie hörte seine donnernden Hufe immer näher kommen ... und sie lief, wie sie noch nie gelaufen war!

Und sie ging als Erste durch das Ziel!!! Und alle riefen begeistert ihren Namen. Die Mädchen staunten, dass sie so schnell geworden war und wollten wissen, wie sie das geschafft hätte.

Doch „Schöne Blume" lächelte nur, schaute zu „Schneller Hirsch" rüber, der anerkennend nickte, und konnte gar nichts sagen, weil sie noch ein bisschen aus der Puste war und weil das auch ihr Geheimnis bleiben sollte.

Rauchzeichen

Nina und Niklas schleppten jeder einen Arm voll dürrer Hölzer und Stöckchen zum Vorplatz der Terrasse und Niklas schichtete geschickt einen Stapel daraus.

Ganz hinten am anderen Ende des Gartens trugen Max, Robert und Kevin auch einen Holzstapel zusammen. Die drei winkten Nina und Niklas mit ein paar Holzstöckchen zu.

Nina winkte zurück, während Niklas mit dem Holzstapel beschäftigt war.

„Man muss das Holz gut aufstapeln, damit es

gleichmäßig verbrennt. Obendrauf kommt feuchtes Gras, das qualmt und raucht schön und dann kann man mit dem Rauch Rauchzeichen geben", erklärte Niklas, „das haben die Indianer immer so gemacht." Niklas hatte ganz viele Bücher über Indianer gelesen und wusste fast alles.

Nina grübelte. So richtig war ihr das noch nicht klar. „Wie jetzt? Wenn du Feuer machst, dann steigt der Rauch doch einfach auf und macht keine Muster und keine Zeichen. Irgendwas kann da nicht stimmen."

„Oh, hast du denn gar keine Ahnung", stöhnte Niklas. „Du musst den Rauch mit einer Decke abdecken und dann wieder aufdecken ... und wieder abdecken ... und wieder aufdecken, mal länger und mal kürzer. So haben die Indianer Nachrichten weitergegeben und das wollen wir auch machen. Wir wollen von hier aus Rauchzeichen geben und Robert, Max und Kevin antworten vom anderen Ende des Gartens mit Rauchzeichen. Dann können wir uns Nachrichten schicken."

„Was du alles weißt!" Nina war beeindruckt.

„Das weiß man eben als alter Indianer", meinte Niklas ganz cool.

„Und was wollen wir dann für Nachrichten verschicken?", fragte Nina.

„Das müssen wir mit den anderen noch absprechen. He, wie weit seit ihr mit eurem Holzstapel?", brüllte Niklas zu Robert, Max und Kevin rüber, die auch schon einen recht ordentlichen Holzhaufen zusammengetragen hatten.

„Bestimmt genauso weit wie ihr!", rief Max. Niklas wedelte mit den Armen um den anderen klar zu machen, dass man jetzt erst mal eine Lagebesprechung abhalten wollte.

Alle kamen bei Nina und Niklas zusammen und hielten Kriegsrat. „Welche Rauchzeichen wollen wir denn nun schicken?", fragte Max. „Kurzer Rauch, langer Rauch, kurzer Rauch bedeutet: Feind in Sicht!", flüsterte Robert verschwörerisch.

„Dreimal kurzer Rauch bedeutet: Es gibt gleich was zu essen!", sagte Nina.

Kevin wurde hellhörig. „Wo gibt es Essen?", fragte er, denn Essen war seine Leidenschaft.

„Ach, war doch nur ein Beispiel. Und jetzt gehe ich Decken und Streichhölzer holen und dann kanns losgehen!" Mit energischen Schritten stapfte Nina ins Haus. „Mama, ich brauche zwei Decken und einmal Streichhölzer!"

„Wozu brauchst du das denn?" In der Stimme ihrer Mutter war Alarmstufe ROT!

„Wir sind Indianer und wollen Rauchzeichen geben!", sagte Nina mit Bestimmtheit.

„Oh, nein! Mit Feuer wird nicht gespielt! Wenn ihr trockenes Holz anzündet, brennt es lichterloh, gibt aber keinen Qualm, und wenn ihr dann noch eine Decke darüber werft, verbrennt die und ihr werdet euch verletzen. Kommt nicht in Frage!"

So sehr Nina auch bettelte und die Wichtigkeit von Rauchzeichen-Nachrichten für das Indianerspiel verteidigte, ihre Mutter blieb hart. Keine Decken, keine Streichhölzer!

Tiefbetrübt und wütend ging Nina wieder raus zu ihren Freunden und brachte ihnen die niederschmetternde Nachricht: keine Decken, keine Streichhölzer!

„Nun ist unser schönes Spiel im Eimer!", maulte Robert.

„Dann kann ich ja gleich nach Hause gehen", schimpfte Max.

„Deine Mutter ist ja ein Spielverderber!", fand auch Kevin.

„Nun wartet doch mal!" Niklas hatte vor lauter Nachdenken zwei kleine Falten auf der Stirn. „Ich habe in irgendeinem Buch gelesen, dass Indianer sich auch noch anders Nachrichten schicken konnten, mit glänzenden Metallscheiben, die sie in die Sonne hielten. So erzeugten sie Lichtreflexe."

„Das probieren wir mal mit meiner Gürtelschnalle", schlug Max vor und es funktionierte ganz hervorragend. Max zog den Gürtel aus seinem Hosenbund und hielt die breite Metallschnalle in die Sonne, bewegte sie leicht hin und her, dass es nur so blitzte und funkelte.

Jetzt brauchten Nina und Niklas auf der anderen Seite nur auch noch etwas Glitzerndes und dann konnte es losgehen mit den Nachrichten von einem Ende des Gartens zum anderen.

Ninas Mutter rückte einen kleine Handspiegel raus, denn diese Art der Nachrichten-Übermittlung war ihr viel lieber als Feuer und Rauchzeichen. Mit dem Spiegel konnte man ganz wunderbar

Blitzlichter durch den Garten schicken. Und es wurden viele Nachrichten hin und her geschickt: „Vorsicht! Ein Feind hinter dem Rosenbusch!" Und: „Achtung! Büffelherde von vorne!" Und: „Angriff fieser Bleichgesichter!"

Die Freunde staunten nicht schlecht, als Ninas Mutter mit einem kleinen Silbertablett auf die Terrasse kam und auch wilde Blinksignale machte.

„Was heißt denn das jetzt?", fragte Niklas verdutzt.

„Na, ganz einfach: Jetzt gibt es ein großes Indianer-Festmahl!"

Ninas Mutter schlug vor die beiden Holzstapel, die die Kinder zusammengetragen hatten, zu einem aufzuschichten und dann wollte sie mit den Kindern ein richtiges Lagerfeuer machen und Kartoffeln auf spitzen Stöcken braten und Maiskolben in die Glut halten um sie dann mit Butter bestrichen aufzuessen.

Das war ein Friedensangebot, das jeden begeisterte. Max, Robert und Kevin trugen wieselflink ihre gesammelten Holzstöckchen zu dem anderen

Holzstoß. Ninas Mutter machte ein Feuer, Kevin
half die Kartoffeln auf spitze Stöcke zu stecken und
bald brieten und futterten alle gemeinsam. Nach
dem köstlichen Essen beschloss der Indianer-Rat,
dass Ninas Mutter doch kein Spielverderber ist und
alle rauchten die Friedenspfeife miteinander.

Was Inuit-Kinder
zum Geburtstag bekommen

Warwuk war ein kleiner Eskimo-Junge. In ihrer eigenen Sprache nennen sich die Eskimos Inuit und die Inuit sind Indianer genauso wie die Apachen oder die Kiowa oder die Sioux oder die Komantschen. Sie leben nur nicht in der Steppe oder der Prärie, sondern ganz im Norden, im kalten Grönland.

Warwuk saß eingekuschelt in seine Eisbärfell-Decke und starrte in die Feuerstelle in der Mitte des Iglus.

Wenn er doch nur wüsste, was er morgen zum Geburtstag bekommt. Wie soll man schlafen am Abend vor so einem aufregenden Tag? Ob sein Vater sich daran erinnern würde, dass sich Warwuk so sehnlich einen eigenen Schlitten mit Schlittenhunden wünschte? Und ob er ihm diesen Wunsch erfüllen würde? Fragen über Fragen. Wie sollte man da einschlafen?

Warwuks Mutter saß mit ihrer Schwester in einer anderen Ecke des geräumigen Iglus. Die beiden Frauen nähten mit spitzen Knochennadeln geschickt die kleinen Risse in der Lederkleidung des Vaters. Bei der Jagd auf Robben und Walrosse kommt es schon mal vor, dass man sich an scharfkantigen Eisblöcken die Kleidung aufschlitzt.

Die beiden Frauen waren so in ihre Tätigkeit vertieft. Warwuk konnte sie unmöglich stören.

Also ließ er einen suchenden Blick durch den Iglu streifen, ob er in irgendeiner Ecke etwas Ungewöhnliches entdecken konnte, was auf ein Geburtstagsgeschenk schließen ließ.

So ein Iglu war eine tolle Wohnung in der eisigen Kälte Grönlands. Die Eskimos hatten großes Geschick darin, aus dicken Schneeblöcken eine Kuppelhütte zu bauen. Die Fugen zwischen den Blöcken wurden mit Schnee ausgestopft und ein durchsichtiger Eisblock war das Fenster.

Im Innern des Iglus gab es Schlaf- und Sitzbänke aus Schneeblöcken, die mit Moos und Heidekraut kuschelig aufgepolstert waren. Und darüber

lagen die Felle von Robben,
Seehunden oder Eisbären,
die Warwuks Vater auf der
Jagd erlegt hatte.

Die Tranlampe in der
Mitte den Raumes gab
nicht nur Licht, sondern
erwärmte den Iglu auch
angenehm.

Warwuks Blick streifte über die Felle, aber er
konnte nichts Besonderes entdecken.

„Vielleicht finde ich was in den Vorratsräumen ...
oder ich guck mal in die Hundehütte!", dachte sich
Warwuk.

Bevor man in den großen, runden Innenraum des
Iglus kam, musste man durch einen langen
Schneetunnel, der die eisige Kälte von der Öffnung
des Iglus abhielt.

An den Seiten des Tunnels waren Vorratsräume
eingebaut und auch ein Extra-Raum für die Hunde.
Die Tiere waren zwar gut an die Kälte gewöhnt und
konnten auch bei eisigen Temperaturen draußen

übernachten, aber ein Raum neben dem Iglu – ein kleiner Hunde-Iglu – bot ihnen bei einem Schneesturm natürlich mehr Schutz.

Warwuk schielte unter seiner Felldecke hervor zu seiner Mutter hinüber. Sie war ganz in ihre Arbeit vertieft und redete leise mit ihrer Schwester.

Warwuk glitt lautlos unter seiner Decke hervor und schlich vorsichtig auf seinen dicken Strümpfen, die er bei der Kälte auch im Bett nicht auszog, durch den Iglu.

Er hatte schon fast den schweren Fellvorhang erreicht, der die Öffnung des Iglus abschloss, da hörte er die Stimme seiner Mutter: „Wo willst du denn hin?"

„Äh ... ich ... wollte noch mal nach den Hunden sehen", stotterte Warwuk.

„So, so", sagte seine Mutter lächelnd. „Das solltest du jetzt aber nicht mehr tun. Du solltest jetzt lieber ganz schnell schlafen, damit du morgen früh so richtig ausgeschlafen bist. Denn das wird wichtig sein", fügte sie mit einem geheimnisvollen Lächeln hinzu.

Dann nahm sie Warwuk liebevoll an die Hand und führte ihn wieder zu seinem Bett zurück, deckte ihn mit der kuscheligen Decke gut zu. „Schlaf gut in deinen Geburtstag hinein!", sagte sie. Dann sang sie ein leises Eskimo-Lied und Warwuk dachte noch: „Wenn ich doch nur einen Schlitten und Hunde bekäme!" und dann war er auch schon eingeschlafen.

Am Morgen wachte er dadurch auf, dass ihn das Fell seiner Decke an der Nase kitzelte. Er nieste einmal kräftig und war hellwach.

Geburtstag! Heute hatte er Geburtstag! Und sofort war er mit beiden Füßen gleichzeitig aus

dem Bett. Da kam auch schon seine Mutter zu ihm. Sie hatte etwas hinter ihrem Rücken verborgen.

„Alles Gute zum Geburtstag, Warwuk!", sagte sie und zog ein Paar hübscher kleiner Schneeschuhe hinter ihrem Rücken hervor. Sie waren aus gebogenem Birkenholz und hatten Riemen aus weichem Leder, mit denen die Schneeschuhe an den Füßen befestigt wurden. Mit diesen Schneeschuhen konnte Warwuk auch bei tiefem Schnee nicht so leicht einsinken.

Solche Schneeschuhe trugen alle Eskimos im tiefen Schnee und diese kleinen Schuhe waren genau richtig für Warwuks kleine Füße.

Warwuk starrte auf die Schneeschuhe und die Enttäuschung stand ihm ins Gesicht geschrieben. Seine Mutter musste lachen. „Was ist das denn für ein Geburtstags-Gesicht?", sagte sie, dann zog sie ihm seine warme Hose, die dicken Stiefel und die Felljacke mit der Kapuze an und sagte: „Geh doch mal zu den Hunden!"

Warwuk stürmte mit klopfendem Herzen in den

Tunnel. Da stand auch schon sein Vater, der ihn lachend in die Arme nahm.

„Alles Gute zum Geburtstag, mein Sohn. Jetzt bist du alt genug für deinen eigenen Schlitten und deine Hunde!" Und der Vater zog einen Schlitten hinter sich hervor, genauso einen, wie er selber hatte, nur kleiner, mit rund gebogenen Kufen und Querbrettern, auf denen man sitzen konnte und Lasten transportieren konnte.

„Und jetzt begrüßt du deine Hunde", sagte Warwuks Vater und Warwuk folgte ihm nach draußen. Dort standen schon Vaters großer Schlitten und seine beiden Schlittenhunde. Und daneben saßen zwei kräftige, wunderschöne Schlittenhunde für Warwuk.

Warwuk stürzte sich mit einem Begeisterungsschrei auf die Hunde und umarmte und streichelte sie stürmisch. Für eine Augenblick sah man nur ein Knäuel aus Hundefell und Warwuk.

„Komm", sagte der Vater lachend, „ jetzt wollen wir sie einspannen und an das Geschirr gewöhnen, dann musst du ihnen beibringen, wie sie mit dem

Schlitten zu laufen haben, denn die Hunde haben noch keine Erfahrung."

Warwuk sah genau zu, wie sein Vater seine Hunde anspannte, und versuchte es dann auch so zu machen. Das ging schon sehr gut.

Als der kleine und der große Schlitten abfahrbereit waren, setzte sich der Vater seine Schneebrille auf. Das war ein kleines Holzbrett mit zwei schmalen Schlitzen. Diese Schneebrille schützte die Augen vor der blendenden Sonne, die von dem glitzernden Schnee reflektiert wurde. Auch Warwuk hatte ein kleine Schneebrille aufgesetzt und los ging die Fahrt mit den Schlitten.

Warwuks Hunde zogen nicht gleichmäßig. Sein Schlitten fuhr ein paarmal im Kreis und kippte um.

Der Vater zeigte ihm, wie er an den Leinen der Hunde ziehen musste, damit sie spürten, wohin sie laufen sollten. Er zeigte ihm, wie man mit der Peitsche laut knallte, damit die Hunde schneller liefen, und er zeigte ihm, wie man die Hunde dazu brachte, anzuhalten, wenn man an den Leinen zog.

Eine weite Strecke fuhren Vater und Sohn hintereinander her und Warwuk fühlte sich immer sicherer. Zog er ein bisschen an der rechten Leine, liefen die Hunde nach rechts, zog er an der linken Leine, liefen sie nach links.

Warwuk folgte der Spur seines Vaters und konnte schon gut mithalten, auch wenn es mal über hohe Schneewehen ging.

Am Rande eines Schneefeldes saß ein Eskimo an einem Eisloch und fischte. Warwuks Vater kannte den Eskimo und winkte ihm zu. Auch Warwuk winkte voller Stolz zu dem fischenden Mann hinüber.

Dabei ließ er die Leine wohl ein bisschen zu locker, die Hunde waren verwirrt. Sie zogen unregelmäßig von einer Seite auf die andere, der kleine Schlitten kam ins Schlingern und kippte um. Warwuk fiel kopfüber in den tiefen Schnee und wühlte sich mühsam wieder heraus.

Als er sich umblickte, war sein Vater nicht mehr zu sehen. Seine Schlittenspur verlor sich hinter dem nächsten Schneeberg und Warwuk wurde es ganz mulmig.

Er saß allein in der weiten weißen Landschaft
und sah um sich herum nur den glitzernden
Schnee.

Mühsam versuchte er die Leine der Hunde zu entwirren. Das war nicht leicht, denn die Hunde sprangen immerzu an ihm hoch und stupsten ihn mit ihren Schnauzen, so als täte es ihnen Leid, dass der Schlitten umgekippt war.

Warwuk hockte neben den Hunden im Schnee und wusste nicht, was er machen sollte.

Da hörte er zum Glück die Stimme seines Vaters. „Warwuk, ich komme!" Der Schlitten seines Vaters hielt neben ihm. „Als ich merkte, dass du nicht mehr hinter mir warst, musste ich eine große Kurve fahren um den Schlitten zu wenden, sonst wäre ich auch umgekippt", erklärte sein Vater.

Warwuk war sehr erleichtert, dass sein Vater wieder bei ihm war. Mit Vaters Hilfe ging es auch ganz leicht, die Leine der Hunde zu entwirren und den Schlitten wieder auf die Kufen zu stellen. Und dann fuhren beide in schneller Fahrt nach Hause.

Warwuk war todmüde, aber restlos glücklich. Schlaftrunken fiel er seiner Mutter in die Arme und sagte noch: „Wie gut, dass ich gestern Abend auf dich gehört habe und ganz schnell in meinen Geburtstag hineingeschlafen habe!" Und schon kuschelte er sich in seine Decke ein um aus seinem Geburtstag herauszuschlafen und von seinem Schlitten und seinen Hunden zu träumen.

Wir schlafen im Wigwam!

Im Garten bauten Kevin, Robert, Max und Niklas ein Zelt auf. Kevins Vater half gerade die Heringe in den Boden zu klopfen. Da kam Nina dazu.

„Oh, das ist aber ein tolles Zelt!", staunte Nina. „Zelt? Das ist unser Wigwam und wir werden heute darin übernachten!", sagte Kevin stolz.

„Das ist 'ne prima Idee. Ich hole schon mal meinen Schlafsack!" Nina wollte loslaufen.

„Nee, nee, nee, das ist nur was für harte Indianer! Du kriegst doch bestimmt Angst nachts im Dunkeln hier draußen, wenn die Tiergeister und die Geister der Ahnen kommen", meinte Max mit Bestimmtheit.

„Wie kommst du denn darauf? Eine Indianer-Squaw kennt keine Angst!" Nina warf trotzig den

Kopf in den Nacken und guckte Max kampflustig an. „Außerdem würde ich für die Verpflegung sorgen!"

Das war natürlich Bestechung, aber bei Kevin, der zu gerne aß, zog das Argument sofort. „Warum soll sie denn nicht bei uns übernachten?", fragte er.

„Weil auch nur vier Leute in das Zelt ... ich meine in den Wigwam reinpassen und wir sind vier!", triumphierte Max.

Kevins Vater fiel ein, dass sie noch ein kleines Zelt hätten und das könnte man doch für Nina aufstellen und so wurde beschlossen neben dem großen Wigwam noch einen kleinen Wigwam für die Squaw aufzustellen.

Max prophezeite noch mal, dass Nina bestimmt Angst bekommen würde und Robert, Niklas und Kevin stimmten ihm zu.

„Ach, Quatsch, das werden wir ja sehen, wer hier Angst kriegt!", sagte Nina und ging nach Hause um ihren Schlafsack und Proviant für die Nacht zu holen.

Wenig später tauchte Nina wieder mit ihrem Schlafsack und einem ziemlich großen Rucksack auf.

„Hach, hast du dein Kuscheltier da drin?", lästerte Max.

„Das wirst du schon sehen!", sagte Nina und verstaute den Rucksack in dem kleinen Zelt, das Kevins Vater inzwischen für sie aufgebaut hatte.

Kevins Vater sagte noch, wenn es einem von ihnen wirklich zu unheimlich würde ... oder auch nur zu kalt, dann könnte er gerne ins Haus kommen und dort übernachten. Dann ging er und ließ die tapferen Indianer und die mutige Squaw allein.

Langsam wurde es dämmerig und alle setzten sich vor den Wigwams zusammen und machten sich über den Proviant her, den Nina mitgebracht hatte. Es gab leckere Kekse, Obst und Saft. Nur Kevin maulte, weil es keine Schokolade gab.

Max sagte: „Wir können ja um Schokolade wetten, dass Nina heute Nacht vor lauter Angst den Wigwam verlässt und im Haus übernachtet."

Da wollten Niklas und Robert auch mitwetten.

Nina murmelte nur: „Wartet nur ab, wer Angst kriegt."

Dann saßen alle noch eine Weile in der Dämmerung zusammen und erzählten sich schauerliche Geschichten von indianischen Tiergeistern und den Rachegeistern der Ahnen.

Niklas hatte viele Bücher über Indianer gelesen und konnte über Strohmasken mit großen Nasen und strubbeligen Haaren erzählen, die die Geister

der Vorfahren darstellen sollten. Oder von geschnitzten Holzmasken mit riesengroßen Mündern, Furcht erregenden Augen und langen Zähnen.

„Bei den Indianern gibt es überall Geister, in jedem Baum und in jeder Pflanze wohnt ein Geist", sagte Niklas.

Nina schauderte ein bisschen.

„Sind das gute oder böse Geister?", fragte Robert etwas skeptisch.

„Teil – teils!", meint Niklas diplomatisch, denn so ganz genau wusste er das auch nicht.

Als es dunkel war, beschlossen alle schlafen zu gehen. Kevin und Max steckten die Köpfe zusammen und kicherten und tuschelten, dann verschwanden die Jungen in dem großen Wigwam und Nina in ihrem kleinen Wigwam.

Sie saß eine ganze Weile auf ihrem Schlafsack und horchte auf die Nachtgeräusche da draußen. Irgendwo knackte etwas, die Blätter der Büsche raschelten im Wind. Ein Käuzchen rief „Schuhuh!!!"

Nina wühlte in ihrem Rucksack und zog ein weißes Bettlaken hervor. Dann schüttelte sie den dicken Rucksack heftig und heraus kullerte ein dicker ausgehöhlter Kürbiskopf.

„Den habe ich im letzten Herbst in der Schule geschnitzt. Hab gar nicht gedacht, dass ich den noch mal so gut gebrauchen kann", kicherte Nina. Sie wickelte sich das Bettlaken um den Arm, nahm ihre Taschenlampe in die Hand und steckt die Hand in den ausgehöhlten Kürbis. Dann machte sie ganz kurz die Taschenlampe an und freute

sich, dass der Kürbiskopf so schön unheimlich leuchtete.

„Na wartet! Jetzt wollen wir mal sehen, wer hier vor Angst ins Haus läuft, wenn ich euch diesen freundlichen Gesellen in euren Wigwam halte", murmelte sie, machte die Taschenlampe aus und schob sich vorsichtig aus dem Zelt in die Dunkelheit.

Inzwischen war es stockdunkel. Dicke Wolken hatten sich vor den Mond geschoben. Der Wind strich leise durch die Zweige und eine Eule rief wieder irgendwo.

Nina wollte sich gerade in die Richtung des großen Wigwams tasten, den sie im Dunkeln nur als schwarzen Umriss erkennen konnte, da sah sie es! Es war weiß, bewegte sich langsam hin und her und war sehr groß, mindestens doppelt so groß wie Nina!

Nina blieb wie festgefroren stehen und hielt die Luft an. Sie konnte sich vor Schreck nicht bewegen und starrte das Wesen an. Da wandte es sich ihr zu. Weißlich neblig waberte es im Wind. Nina hatte das Gefühl, dass es sich in ihre Richtung bewegte. Sie erkannte Tierhörner auf dem Kopf des Wesens und einmal leuchteten seine kleinen gefährlichen Augen kurz auf.

Nina kreischte und rannte auf das Haus zu. Nichts wie weg hier, ganz egal, was die anderen sagen würden! Sie rannte ohne sich umzusehen den Weg zum Haus hinauf. Das Herz klopfte ihr bis zum Hals, sie stolperte über einen Zipfel des Bettlakens, das sie noch mit dem Kürbiskopf zusammen in ihrer Hand hielt.

Sie rappelte sich auf und wollte gerade weiterrennen, da hörte sie eine Stimme, die sie sehr gut kannte. „Sie rennt weg! Ich krieg die Schokolade, ich habe gewonnen!" „Denkste, das war meine Idee!"

Nina blieb ruckartig stehen und drehte sich um. Dieses wallende weiße Wesen sah mit einem Schlag überhaupt nicht mehr gefährlich aus.

Wie der Blitz raste Nina auf das seltsame Ding zu, zog energisch an dem weißen Tuch ... und vor ihr stand Kevin, der Max ächzend auf den Schultern balancierte. Max hielt mit der einen Hand ein Geweih über seinen Kopf, mit der andern eine Taschenlampe.

Kevin konnte die Balance nicht mehr halten,

beide fielen um und landeten wie ein Wollknäuel vor Ninas Füßen.

Nina konnte sich vor Lachen nicht mehr halten. Sie zog den Kürbiskopf, den sie immer noch in der Hand hielt, hervor, machte die Taschenlampe an und leuchtete Kevin und Max auf dem Boden ins Gesicht.

„Huch, was soll das?" Kevin hatte die Nase voll von Spuk und Geistern.

Nina fand das alles sehr komisch. „Eigentlich wollte ich euch ein bisschen erschrecken und ihr wolltet mich auch erschrecken. Na, da hatten wir ja alle dieselbe Idee! Ich finde, es steht unentschieden und keiner hat die Schokolade gewonnen!", meinte Nina.

Niklas und Robert waren von dem Lärm nun auch wach geworden und meinten, nun sei es wirklich Zeit zu schlafen. Nina, Max und Kevin rafften die Bettlaken, Kürbiskopf und Geweih zusammen, verkrochen sich in ihren Wigwams und nach wenigen Minuten hörte man nur noch ihre gleichmäßigen Atemzüge und alles schlief friedlich.

Zeichensprache

„Kleine weiße Wolke" befestigte einige geflochtene Körbe am Zaumzeug ihres Ponys. Dann holte sie noch ein paar lederne Beutel aus dem Zelt und lud sie auch auf das Pony.

Heute war ein besonderer Tag: „Kleine weiße Wolke" durfte zum ersten Mal ganz alleine losreiten um in den umliegenden Wäldern Beeren, Nüsse, Pilze und essbare Wurzeln zu sammeln.

Bisher war „Kleine weiße Wolke" immer mit ihrer Mutter durch die Wiesen und Wälder gestreift und hatte von ihr gelernt, welche Beeren man essen konnte, welche Pilze man sammeln konnte und wie man die essbaren Wurzeln der Pflanzen ausgräbt.

Wenn „Kleine weiße Wolke" mit ihrer Mutter losgeritten war, hatte sie auch einen kleinen Beutel und einen Korb dabei, beobachtete genau, was die Mutter machte und hat es ihr dann nachgemacht.

„Kleine weiße Wolke" dachte noch einmal ganz scharf nach, ob sie auch alles bedacht und nichts vergessen hatte. Sie legte die bunte Decke auf den

Rücken des Tieres, dann schwang sie sich auf den Rücken ihres Ponys.

Da kam ihre Mutter und gab ihr noch eine kleine lederne Trinkflasche mit Wasser und ein paar getrocknete Früchte als Proviant mit auf den Weg.

„Und reite nur auf den Wegen, die du kennst, und hüte dich vor den wilden Tieren", sagte ihre Mutter noch und winkte, als „Kleine weiße Wolke" davonritt.

Sie trieb ihr kräftiges schwarz-weiß gemustertes Pony an und es trabte munter los. Wie alle Indianermädchen hatte sie schon als kleines Kind reiten gelernt und vor ein paar Monden, als  sie acht Jahre geworden war, hatte sie ihr eigenes Pony bekommen.

Hinter der nächsten Wegbiegung hielt sie das Pferd an, stieg ab und pflückte die ersten Beeren, die sie in einem Korb sammelte.

Nachdem die wilden Beerensträucher abgeern-
tet waren, stieg „Kleine weiße Wolke" wieder auf
ihr Pony und ritt zu einem Platz, wo viele Pflanzen
mit nahrhaften Wurzeln standen. Sie grub mit ihrem
Grabstock die Wurzeln aus, reinigte sie am nahen
Bach und steckte sie in ihren Beutel.

Dann ritt sie weiter und überlegte, wo die Mutter
noch mit ihr hingeritten war um Beeren und Kräuter zu sammeln.

Da fiel ihr ein, irgendwo hier ganz in der Nähe
sollten viele wilde Rosen wachsen, die jetzt Hage-
butten-Früchte haben müssten. „Kleine weiße Wolke" dachte an ihre kranke Großmutter und daran,
wie gerne sie diese Früchte aß. Sie beschloss die
Stelle mit den wilden Rosen zu suchen um viele
Hagebutten zu pflücken für ihre Großmutter.

„Kleine weiße Wolke" war sich ganz sicher, dass
sie nur ein Stück dem Bach folgen musste um an
diese Stelle zu kommen. Also trieb sie ihr Pony an
und ritt am Bach entlang.

Der Bach schlängelte sich in vielen Windungen
durch den Wald. An einer Stelle verzweigte er sich

und „Kleine weiße Wolke" überlegte einen Augenblick, welchem Bachlauf sie folgen sollte. Dann entschied sie sich für den breiteren Bachlauf.

Sie ritt weiter und weiter in den Wald hinein. Längst kamen ihr die Bäume und Büsche nicht mehr so vertraut vor. Hinter jeder Wegbiegung war sie sicher gleich auf das Feld mit den wilden Rosen

zu stoßen, aber dann war da nur eine Lichtung mit Blumen, die „Kleine weiße Wolke" noch nie gesehen hatte.

Sie beschloss umzukehren. Sie sagte sich, wenn sie nur immer dem Bach zurück folgte, dann müsste sie doch wieder auf den bekannten Weg kommen.

Sie wendete ihr Pony und ritt in die andere Richtung. Sie kam an Plätze, die ihr nicht bekannt vorkamen. Sie ritt viele Stunden und es wurde ihr immer klarer, dass sie sich verirrt hatte.

Sie war müde und auch ihr Pony war erschöpft. Sie machte Rast, aß ein paar von den Beeren und trank einen Schluck Wasser.

In wenigen Stunden würde es dunkel werden. Sie war allein hier draußen und wusste nicht, was für wilde Tiere im Gebüsch lauerten. Sie wollte nach Hause in ihr warmes, sicheres Zelt.

Sie kämpfte tapfer gegen die Angst, die langsam in ihr hochstieg.

Da hörte sie ganz in der Nähe Zweige knacken. Da war etwas! Und das kam näher.

„Kleine weiße Wolke" kroch tiefer unter einen Busch und zog ihr Pony mit sich. Das Herz klopfte ihr bis zum Hals. Sie saß ganz still da und machte vor Angst die Augen zu.

Es knackte noch einmal ganz nah bei ihr und eine freundliche Stimme sprach sie an. „Kleine weiße Wolke" öffnete die Augen einen ganz kleinen Spalt breit und blinzelte durch das Grün der Blätter, hinter die sie sich verkrochen hatte.

Was sie sah, beruhigte sie sehr. Vor ihr stand ein Indianerjunge, ungefähr so alt wie sie. Er trug ähnliche Kleidung wie die Jungen ihres Stammes. Er hielt sein Pferd am Zügel und sprach freundlich auf sie ein. Doch „Kleine weiße Wolke" konnte seine Sprache nicht verstehen.

Sie sagte etwas zu dem Jungen und er konnte ihre Sprache nicht verstehen.

Der Junge sagte etwas in seiner Sprache und zeigte auf sich. Aber „Kleine weiße Wolke" verstand ihn nicht. Der Junge malte einen Bären auf den Sandboden und zeigte auf sich und dann auf seine Muskeln. Da verstand „Kleine weiße Wolke":

Er wollte ihr sagen, dass er „Starker Bär" hieß.

„Kleine weiße Wolke" lächelte, zeigte auf die Zeichnung im Sand und dann auf den Jungen und nickte.

Der Junge lachte ebenfalls und freute sich, dass sie ihn verstanden hatte.

Dann malte „Kleine weiße Wolke" eine Wolke in den Sand, zeigte zum Himmel und dann auf sich. Der Junge nickte und verstand. Nun wussten beide doch wenigstens schon, wie der andere hieß.

Dann kniete der Junge sich auf den Boden und malte etwas Neues in den Sand. Es war ein Zelt und noch ein Zelt und ein Weg führte zu den Zelten. Der Junge zeigte in eine Richtung, dann auf sich und auf „Kleine weiße Wolke" und ging voran.

„Kleine weiße Wolke" verstand und folgte dem Jungen. Nach einem kurzen Stück Weg kamen sie in das Dorf des Jungen. Viele runde Zelte standen in einem großen Kreis. Pferde weideten in der Nähe. Kinder liefen durcheinander. Es war ganz ähnlich wie zu Hause, fand „Kleine weiße Wolke".

Der Junge brachte sie zum Zelt seiner Mutter. Die freundliche Frau bot „Kleine weiße Wolke" etwas zu trinken und eine Schale mit dampfendem leckerem Maisbrei an.

„Kleine weiße Wolke" setzte sich und aß mit großem Appetit. Der Junge und seine Mutter sahen ihr lächelnd zu und freuten sich, dass es ihr so gut schmeckte. Dann fragten die beiden etwas, was „Kleine weiße Wolke" wieder nicht verstand.

Der Junge zeigte auf „Kleine weiße Wolke" und dann malte er einen Bachlauf und Bäume auf den Boden. Dann guckte er fragend. Da begriff „Kleine weiße Wolke". Er wollte wissen, woher sie kam. Sie malte den Bachlauf weiter und versuchte die Felsen, die kurz vor ihrem Dorf waren, zu malen.

Der Junge sah sich die Zeichnung genau an, dann schien er zu verstehen. Er redete mit seiner Mutter, die nickte und wand sich an „Kleine weiße Wolke". Sie deutete auf die Schlafdecke und dann auf „Kleine weiße Wolke", dann zeigte die Frau auf die Zeichnung vom Bach und dem Felsen und dann auf ihren Sohn. Und „Kleine weiße Wolke" verstand, dass die Frau ihr sagen wollte, dass sie jetzt erst einmal die Nacht hier im Zelt schlafen sollte und am nächsten Morgen würde ihr Sohn sie nach Hause bringen.

„Kleine weiße Wolke" nickte begeistert, kuschelte sich in die große bunte Schlafdecke ein und war auch schon gleich eingeschlafen.

Am nächsten Morgen wurden sie von der freundlichen Frau geweckt. Es gab wieder guten Maisbrei mit süßem Ahornsirup und dann stieg „Kleine weiße Wolke" auf ihr Pony und bedankte sich für die freundliche Aufnahme.

Der Indianer-Junge wartete schon auf sie und beide ritten nebeneinander her, bis „Kleine weiße Wolke" wieder zu Hause war und von ihrer Mutter freudig in die Arme genommen wurde.

Ihre Mutter malte die Zelte ihres Dorfes auf den Boden, zeigte auf den Jungen, dann auf das gesamte Dorf und wollte ihm so sagen, dass er gerne wiederkommen solle. „Kleine weiße Wolke" schaute ihn strahlend an und nickte nur, was so viel heißen sollte: Auch sie würde sich freuen, wenn er sie wieder besucht.

Der Junge nickte, grüßte freundlich, wendete sein Pferd und ritt davon. Unterwegs drehte er sich aber noch ein paarmal um und „Kleine weiße Wolke" winkte, bis er hinter der Wegbiegung verschwunden war.

Der Medizinmann

Alle Indianerjungen liebten es, in wilden Reiterspielen ihre Kräfte zu messen. Auch „Weiße Feder" hatte großen Spaß daran, mit den Jungen seines Stammes auf den kleinen, flinken Pferden hin und her zu sausen.

Die Pferde hatten nur Zaumzeug aus weichem Leder, Zügel, mit denen die Jungen ihre Pferde geschickt lenkten konnten. Einen Sattel gab es nicht, man musste sich so auf dem Pferderücken halten.

Es gab viele verschiedene Spiele, die die Jungen vom Rücken ihrer Pferde aus spielten. Sie wählten ein Ziel, ein Stück Holz oder eine Tierhaut. Dann ritten sie mit großer Geschwindigkeit an dem Ziel vorbei und versuchten es mit ihren Pfeilen zu treffen. Die Treffer wurden genau gezählt und wer die meisten Treffer hatte, war Sieger.

Oder sie spielten das Jagd-Spiel. Eine Partei der Jungen stellte die Büffel dar, die andere Partei waren die Jäger. Alle Spieler ritten los. Dann mussten die „Jäger" die „Büffel" mit einem Stock berühren, das bedeutete, dass sie die Büffel erjagt hatten und wer die meisten Büffel erjagt hatte, hatte gesiegt.

Ein Spiel war ganz besonders beliebt bei den Jungen. Es war das Angriffs-Spiel. Bei diesem Spiel ging es darum, dass jeder versuchte sein Pferd so dicht an das Pferd des anderen heranzubringen, dass er den Gegner mit einem Stoß vom Pferderücken in den Sand befördern konnte.

Bei diesem Spiel musste man nicht nur gut reiten können, sondern auch noch sehr stark sein. „Weiße Feder" war immer einer der Besten, wenn es darum ging, die Gegner in den Sand zu werfen.

Er ritt schnell wie der Wind, er konnte sein kleines starkes Pferd mit einem Druck seiner Schenkel in jede Richtung lenken und er war so stark, dass er seine Gegner jedes Mal mit viel Schwung von ihren Pferden schubsen konnte und so schon viele Male bei diesem Spiel gewonnen hatte.

Die Jungen bildeten zwei Mannschaften. Damit man die beiden Mannschaften unterscheiden konnte, wickelte sich die eine Hälfte der Jungen ein rotes Tuch um den Kopf, die andere Hälfte ein blaues.

„Weiße Feder" war bei den roten Tüchern. Sie waren eine starke Mannschaft. Die Jungen stellten ihre Pferde in einer Reihe auf und lachten sich siegessicher zu.

Auch die gegnerische Mannschaft stellte sich in einer Reihe ihnen gegenüber auf und auf einen

Zuruf von „Weiße Feder" jagten sie mit ihren Pferden aufeinander zu.

Als sie in der Mitte aufeinander trafen, gelang es „Weiße Feder" und seiner Mannschaft im ersten Anlauf, einige Gegner vom Pferd zu stoßen.

Aber einige Gegner saßen auch noch auf ihren Pferden und das ließ „Weiße Feder" keine Ruhe.

Er wendete sein Pferd, feuerte seine Mitkämpfer an und ritt auf die Gegner zu. „Weiße Feder" galoppierte geradewegs auf „Adlerauge" von der Mannschaft der blauen Tücher zu.

„Adlerauge" war in allen Spielen immer sein härtester Rivale, denn er war ebenso stark und ebenso gewandt wie „Weiße Feder".

„Adlerauge" wurde schneller und ritt mit hohem Tempo auf „Weiße Feder" zu. Keiner von beiden dachte auch nur im Traum daran, das Tempo seines Pferdes zu drosseln und so rasten sie ungebremst aufeinander zu. Alle Mitspieler aus beiden Mannschaften hielten inne und verfolgten den Zweikampf von „Adlerauge" und „Weiße Feder".

„Adlerauge" preschte von der Seite an „Weiße Feder" heran und versuchte ihn in den Sand zu werfen. Aber „Weiße Feder" parierte den Angriff und hätte es um ein Haar seinerseits geschafft, seinen Rivalen vom Pferd zu fegen.

Die anderen Jungen ritten lachend und johlend drumherum und waren gespannt, wer nun wen vom Pferd holen würde. Das Mannschaftsspiel war längst zu einem Zweikampf geworden und alle beobachteten die beiden Kämpfer.

Immer wieder wendeten die beiden Jungen ihre Pferde und ritten aufeinander zu um dem anderen den entscheidenden Stoß zu verpassen.

Eine Weile sah es so aus, als ob keiner gewinnen könnte, doch dann ging alles sehr schnell. „Weiße Feder" ritt wieder auf „Adlerauge" zu. Er beugte sich gerade ganz weit zu seinem Gegner herüber, da stolperte sein Pferd und „Weiße Feder" fiel kopfüber in den Sand.

Das war schon viele Male passiert, dass bei diesen wilden Spielen einer der Jungen recht unsanft im Sand gelandet war. Meistens stand er dann unter dem Gejohle der Mitspieler wieder auf, klopfte sich den Staub aus den Kleidern und stieg wieder auf sein Pferd. Und darauf warteten auch jetzt alle.

Diesmal war das nicht so! „Weiße Feder" blieb

liegen, krümmte sich am Boden und hielt die Hände auf sein Bein gepresst.

Einen Augenblick standen seine Freunde ratlos da, „Adlerauge" stieg von seinem Pferd ab, beugte sich über „Weiße Feder" und sah, dass sein Mitspieler sich ernsthaft verletzt hatte. So hatte „Adlerauge" nicht gewinnen wollen. Voller Sorge schickte er zwei der Jungen ins Dorf um Hilfe zu holen. Er selber kniete neben „Weiße Feder" und sagte ihm, dass es ihm Leid tut, dass „Weiße Feder" sich verletzt hatte.

Alle waren froh, als endlich ein paar Männer aus dem Dorf kamen um „Weiße Feder" zurückzubringen. Die Männer hatten zwei lange Stangen dabei, über die eine Decke gespannt war. Vorsichtig betteten die Männer „Weiße Feder" auf die Decke. „Weiße Feder" biss die Zähne zusammen, denn es tat höllisch weh, als er das verletzte Bein bewegen wollte. Aber ein Indianer weint nicht und jammert nicht.

Dann wurden die Stangen am Zaumzeug seines Pferdes festgemacht und das Pferd zog den verletzten Indianerjungen ins Dorf. Die Freunde folgten verwirrt und bestürzt.

Im Dorf erwartete ihn schon seine Mutter. Sie begleitete ihren Sohn sofort zu dem Zelt des Medizinmannes. Vor dem Zelt wurde „Weiße Feder" auf Decken gebettet. „Adlerauge" und die anderen Jungen standen um ihn herum und wussten nicht, was sie sagen oder tun sollten.

Der Medizinmann schaute sich das verletzte Bein an. Aus einer Wunde am Oberschenkel sickerte Blut und der Knöchel des Fußes schien geschwollen zu sein.

Alle blickten auf den Medizinmann. Was würde er tun? Wie schwer war die Verletzung?

Die Mutter von „Weiße Feder" kniete neben ihrem Jungen und wusch die Wunde mit Wasser.

Der Medizinmann ging in sein Zelt und kam

nach einiger Zeit mit einem Bündel großer grüner Blätter zurück. Die Blätter drückte er auf die Wunde und band sie mit einem Stück Stoff fest. „So wird die Wunde schnell heilen", sagte er. Dann bat er die Mutter kühlen Schlamm aus dem nahen Fluss zu holen. Sie machte sich gleich auf den Weg.

In der Zwischenzeit bereitete der Medizinmann einen Tee aus einer Ingwer-Wurzel. Dieses Getränk sollte verhindern, dass „Weiße Feder" Fieber bekam. Der Tee schmeckte ziemlich scheußlich, aber „Weiße Feder" schluckte tapfer alles herunter, denn er wollte so schnell wie möglich gesund werden um wieder mit den anderen Jungen zu reiten und zu toben.

Als die Mutter mit dem Fluss-Schlamm zurückkam, machte der Medizinmann einen kühlenden Umschlag um den Knöchel von „Weiße Feder" und dem Jungen ging es schon fast ein bisschen besser.

Dann bereitete der Medizinmann eine Zeremonie vor um die Geister gnädig zu stimmen, damit

„Weiße Feder" bald wieder gesund würde.

Die Männer des Dorfes kamen zusammen und schlugen die Trommeln und der Medizinmann fing an zu tanzen. Er bewegte sich im Rhythmus der Trommeln hin und her, bis er Kontakt zu den Geistern aufnehmen und sie um Hilfe für „Weiße Feder" bitten konnte.

Der Medizinmann schwang eine Rassel aus getrocknetem Kürbis über dem verletzten Bein des Jungen. So verscheuchte er alle bösen Kräfte und als er noch seine Pfeife anzündete und den Rauch in alle vier Himmelsrichtungen blies, wusste „Weiße Feder", dass nun alles getan war, um ihn gesund werden zu lassen.

Seine Freunde zogen nach Hause in ihre Zelte. Vorher versprachen sie aber „Weiße Feder" jeden Tag zu besuchen, damit ihm die Zeit nicht so langweilig wurde, bis sein Bein in Ordnung war und er wieder auf sein Pferd steigen konnte um mit seinen Freunden wilde Reiterspiele zu spielen.

Auf dem Kriegspfad

Häuptling „Adlerfeder" der Sioux war sehr beunruhigt. Wieder einmal kamen einige seiner Männer von Erkundungsritten zurück und berichteten, dass auf den Weiden der Sioux Pferde fehlten. Es waren seit mehreren Nächten Pferde verschwunden. Erst ein oder zwei. Da nahmen die Kundschafter an, dass die Tiere sich in einen Waldteil zurückgezogen hätten. Aber dann wurden es mehr und mehr.

Der Häuptling saß vor seinem Zelt und hörte den Bericht seiner Krieger an. „Großer Häuptling, noch vor Sonnenuntergang des letzten Tages waren mehr als zehn Pferde, darunter auch deine Lieblingsstute, auf der Weide gleich neben dem Pfad am Flussufer", sagte einer der Kundschafter, „aber heute im Licht der Sonne fehlten vier Pferde."

Häuptling „Adlerfeder" sah seine Krieger ernst an. „Auch meine Lieblingsstute?", fragte er.

„Ja, auch die weiße Stute war heute morgen verschwunden, genauso wie vor wenigen Tagen zehn andere Pferde der Herde einfach verschwunden sind", sagte einer der Krieger.

„Diese Pferde verschwinden nicht, sie werden gestohlen", sagte der Häuptling „Adlerfeder" mit Nachdruck. „Wir müssen etwas unternehmen, meine Krieger!"

Alle Männer des Stammes wussten: Das bedeutete Krieg! Denn wenn ein Indianerstamm einem anderen Stamm Pferde stiehlt, muss es zum Krieg kommen, denn Pferde sind der wichtigste Besitz eines Indianers.

„Und wer, großer Häuptling, glaubst du, stiehlt unsere Pferde?", fragte einer der Männer. „Diese Tiere standen alle auf einer Weide im Norden unseres Dorfes, also welcher Stamm lebt im Norden von uns? Die Crow! Sie müssen unsere Pferde gestohlen haben!" Der Häuptling sprach aus, was alle Männer dachten. Der Stamm der Crow lebte in der Nähe, aber man traf sich selten und das Misstrauen unter den Stämmen war groß. Deshalb vermuteten alle, dass die Crow die Pferde gestohlen hatten.

Es war nun klar, was zu tun war. Am nächsten Morgen würde sich eine Truppe von Kriegern der Sioux mit ihrem Häuptling „Adlerfeder" auf den Weg zu den Crow machen und die Kriegserklärung überbringen und man würde gegeneinander Krieg führen und die gestohlenen Pferde zurückführen.

Als am nächsten Morgen die Sonne aufging, versammelten sich die Krieger mit dem Häuptling und begrüßten die ersten Sonnenstrahlen, denn die Sonne war für die Indianer die Spenderin allen Lebens.

Dann legten die Männer Kriegsbemalung an. Sie malten Furcht erregende schwarze Streifen auf die Stirn und bunte Linien von der Nase über die Wangen. Auch ihre Pferde wurden mit Kriegsbemalung geschmückt. Dann drückten sie sich ihren Federschmuck fest auf den Kopf und begannen zum lauten Schlagen der Trommeln einen Kriegstanz.

Sie schwangen ihre Tomahawks und ihre Speere, dabei tanzten sie im Kreis und sangen ein uraltes Kriegslied.

Dann ergriffen sie ihre Köcher mit den Pfeilen

und ihre Bogen und schwangen sich auf die Pferde um zu den Crow zu reiten und ihnen die Kriegserklärung zu überbringen.

Nachdem sie einige Stunden geritten waren, kamen sie im Dorf der Crow an. Ihr Anblick war so Furcht erregend, dass die Frauen und Kinder in die Wigwams flüchteten. Nur der Sohn des Häuptlings drückte sich seitlich an eine Zeltwand um mitzubekommen, was da vor sich ging.

Die Krieger der Sioux wurden vom Häuptling der Crow, mit Namen „Rollender Donner", empfangen. Man saß in einem Kreis vor dem Zelt des Häuptlings. Der Häuptling der Sioux, „Adlerfeder", sagte: „Wir haben bemerkt, dass eure Männer unsere Pferde stehlen, direkt von der Weide im Norden unseres Dorfes. Das zwingt uns das Kriegsbeil auszugraben. Ihr habt Zeit bis zum nächsten Morgengrauen. Dann stehen meine Krieger vor euren Zelten!"

Mehrere Krieger der Sioux rammten ihre großen Speere in den Boden um der Kriegserklärung Nachdruck zu verleihen.

Der Häuptling „Rollender Donner" hieß nicht umsonst so. Er wurde sehr schnell sehr wütend. Und sofort ergriff auch er einen Speer, rammte ihn in den Boden und rief: „Wenn ihr Krieg wollt, dann könnt ihr ihn haben. Niemals haben wir eure Pferde auch nur angesehen und schon gar nicht gestohlen. Der stolze Stamm der Crow stiehlt nicht, wir sind keine Pferdediebe, so darf man uns nicht beleidigen! Auch wir graben das Kriegsbeil aus!"

Er streckte die geballten Fäuste gegen den Himmel und seine Krieger brachen in einen Kriegsgesang aus. Der Häuptling merkte, dass ihn jemand am Ärmel seines Lederhemdes zupfte. Wer wagte es, ihn zu stören? Der Häuptling drehte sich um und sah, dass sein Sohn „Kleiner Donner" neben ihm stand und zu ihm aufsah.

„Jetzt ist nicht die Zeit, mein Sohn! Wir graben das Kriegsbeil aus! Die Sioux haben uns beleidigt. Sie sagen, wir hätten ihre Pferde gestohlen!", sagte „Rollender Donner".

„Vater, deswegen will ich dir doch etwas sagen!" „Kleiner Donner" guckte wichtig zu seinem Vater auf. Der aber sagte nur: „Jetzt nicht, mein Sohn!" und ging zu seinen Männern.

„Kleiner Donner" war sehr aufgeregt. Seitdem die fremden Krieger in das Dorf gekommen waren und er gehört hatte, dass sie die Crow verdächtigten ihre Pferde gestohlen zu haben, wusste „Kleiner Donner", dass er eingreifen musste. Denn er wusste, wo die Pferde der Sioux geblieben waren.

Vor einigen Tage war „Kleiner Donner" durch das Tal in der Nähe des Dorfes geritten und dort hatte er wunderschöne fremde Pferde gesehen, die friedlich auf einer fetten Wiese grasten. Sie waren ganz alleine und völlig freiwillig in dieses Tal gekommen und keiner der Männer vom Stamme der Crow wusste überhaupt etwas von diesen Pferden.

Aber sein Vater wollte ja nicht auf ihn hören. Also beschloss „Kleiner Donner", würde er zu den fremden Kriegern gehen und ihnen sagen, dass ihre Pferde auf einer Wiese im Tal waren, dass keiner sie gestohlen hatte und dass kein Krieg geführt werden musste.

Er schlich aus dem Dorf und sah, dass die Fremden um ein Lagerfeuer herum saßen und redeten. „Kleiner Donner" robbte sich auf dem Bauch an die Krieger heran, so wie er es bei den Männern seines Stammes gesehen hatte. Plötzlich robbte er über einen dürren Zweig, der knackte und die Männer drehten sich um.

Einer sah „Kleiner Donner" und packte ihn. „Bist du nicht der Sohn des Häuptlings?", fragte der Mann ihn.

„Kleiner Donner" kriegte weiche Knie, sagte aber tapfer: „Ja, der bin ich!"

„Dann werden wir deinen Vater zwingen, die Pferde gegen dich zu tauschen!"

„Nein, lasst mich los! Das braucht ihr nicht!" „Kleiner Donner" zappelte und wand sich, aber der Krieger hatte ihn einfach gepackt und schleppte ihn zusammen mit den anderen Kriegern zum Dorfplatz der Crow.

Als der Häuptling „Rollender Donner" sah, dass die feindlichen Krieger seinen Sohn in ihrer Gewalt hatten, wurde er sehr wütend und wollte sofort losstürmen. Aber „Kleiner Donner" zappelte so sehr und schrie die feindlichen Krieger an, dass der Häuptling der Sioux, „Adlerfeder", ihm endlich zuhörte.

„Kleiner Donner" stellte sich voller Wut und Empörung vor die Krieger und sagte: „Wenn ihr mir einmal zuhören würdet, wäre es völlig überflüssig das Kriegsbeil auszugraben! Eure Pferde grasen hier ganz in der Nähe und niemand von meinem Stamm hat das gewusst, außer mir. Ich habe die Pferde vor einigen Tage dort entdeckt und keinem etwas gesagt, weil es mein Geheimnis war. Eure Pferde sind einfach auf und davon gelaufen zu diesen saftigen Weidegründen und niemand hat sie euch gestohlen!"

Nach dieser langen Rede war „Kleiner Donner" erst einmal völlig aus der Puste und konnte kein Wort mehr sagen. Sein Vater ging auf Häuptling „Adlerfeder" zu. Die beiden Häuptlinge sahen sich lange an. Dann reichten sie sich die Hände. Die Männer der beiden Stämme jubelten, denn nun würde das Kriegsbeil nicht ausgegraben werden, nun bestand kein Grund mehr, dass die Sioux gegen den Stamm der Crow Krieg führen mussten.

Die Häuptlinge und ihre Männer saßen im Kreis zusammen und rauchten die Friedenspfeife. Häuptling „Rollender Donner" hielt die Pfeife erst gegen die Sonne, Spenderin des Lebens, dann gegen die Erde, den Rauch blies er feierlich in alle vier Himmelsrichtungen und dann auf seinen eigenen Körper. So hatte er eine Verbindung zwischen sich, dem Himmel und der Erde hergestellt. Genauso machte es auch der Häuptling der Sioux und danach saßen die Männer der beiden Stämme noch lange friedlich zusammen. Und „Kleiner Donner" durfte mit dabeisitzen, bis er müde wurde, denn schließlich hatte er einen Kampf verhindert.

Wie „Kleiner Bär"
einen neuen Namen erhielt

„Kleiner Bär" stapfte missmutig zwischen den Hütten seines Klans herum und kickte eine seltsam gewachsene kleine Baumwurzel vor sich her. Mit jedem kräftigen Tritt, den er dem Holzstück gab, ließ er ein bisschen Wut und Unzufriedenheit aus sich heraus.

„Kleiner Bär" war neun, nein, fast zehn Jahre alt und wollte unbedingt endlich mit seinem Vater auf die Jagd gehen. Er war groß genug, er war stark genug, das mussten doch endlich alle sehen.

Hatte er nicht tagelang bei großer Hitze und stechender Sonne den Zug der Bisons beobachtet? Hatte er nicht viele Monde lang mit Pfeil und Bogen schießen geübt, sodass er jetzt ein Ahornblatt auf viele Meter Entfernung traf? Hatte er nicht immer wieder in Wettrennen gegen die anderen Jungen gezeigt, dass er schnell wie ein Pfeil rennen konnte?

Wie lange würde es noch dauern, bis sein Vater ihn endlich mitnahm, wenn er mit den anderen Männern auf die Bisonjagd ging?

Er kickte das kleine Holzstück mit einem festen Tritt um die Ecke des Langhauses. Es flog mit so viel Schwung, dass es nur knapp das Ohr von „Großer Wolf" verfehlte. „Großer Wolf" war der Großvater von „Kleiner Bär" und sehr geachtet im ganzen Stamm, weil er klug, bedächtig und weise war.

„Großer Wolf" hob das Holzstück, das neben ihm gelandet war, auf und betrachtete es lange und sorgfältig. „Warum tust du diesem Stück Holz weh?", fragte er seinen verdutzten Enkel.

„Ich ... ich ... weiß nicht!", stotterte „Kleiner Bär".

Der alte Indianer ließ das Wurzelholz durch die Hand gleiten, hielt es gegen das Sonnenlicht und zeigt es seinem Enkel. „Sieht es nicht aus wie ein Bison? Sieh hier der starke Nacken, ein kräftiger Körper." „Kleiner Bär" sah sich das Stück Wurzel zum ersten Mal ganz genau an und fand auch, dass es wie ein Bison aussah.

„Behandle die Natur immer gut, denn du bist ein Teil von ihr. Vielleicht wirst du schon bald einem Bison gegenüberstehen", sagte „Großer Wolf".

„Oh, das ist es, was ich will, Großvater. Endlich mit meinem Vater auf die Jagd gehen. Bisons jagen, mich lautlos anschleichen und dann meine Pfeile durch die Luft schwirren lassen. „Und wenn ich dann ein Tier erlegt habe, ... dann ... dann bekomme ich auch vielleicht einen neuen Namen! Ich will nicht mehr ‚Kleiner Bär' heißen! Wer heißt in meinem Alter denn schon noch ‚Kleiner Bär'. Meine Mutter ‚Weiße Taube' hat mich so genannt, weil ich bei meiner Geburt so knubbelig und knuddelig wie ein kleiner Bär war, hat sie mir erzählt. Da hat sie ja bestimmt Recht gehabt, aber das ist lange her und jetzt will ich einen anderen Namen!", brach es aus ihm heraus.

„Wenn man wie du ‚Großer Wolf' heißt, das ist gut. Da haben alle Ehrfurcht. Wenn ich erst auf der Jagd war, heiße ich vielleicht ... ‚Der das Bison schoss', ... das wäre schön."

Sein Großvater lächelte. Er drückte „Kleiner Bär"

das Wurzelholz, das wie ein Bison geformt war, in die Hand und sagte lächelnd: „Die Zeit bringt Veränderung."

Und der Großvater sollte Recht behalten. Schon wenige Tage später nahm der Vater von „Kleiner Bär" ihn mit auf die Jagd.

Am Abend vor der Jagd tanzten die Männer den Büffeltanz. In der Dämmerung kamen die Jäger zusammen. Einige von ihnen hatten große Büffel-Masken angezogen, die anderen trugen Bogen und Speere. Unter dem stetigen rhythmischen Schlagen der Trommeln tanzten die Jäger um die Büffel-Tänzer herum um so Macht über ihre Beute zu erlangen. „Kleiner Bär" durfte noch nicht mittanzen, saß aber dabei und war sehr aufgeregt.

In den frühen Morgenstunden zogen die Männer los. Sie hatten lange Speere mit Spitzen aus

Stein dabei, in ledernen Köchern steckten ihre Pfeile und der Bogen aus biegsamem Holz und gespannten Tiersehnen hing über ihren Schultern.

„Kleiner Bär" hatte sein Pfeile im Köcher verstaut und hielt seinen Bogen fest umklammert. Vor lauter Aufregung konnte er nichts mehr zum Frühstück essen. Er steckte noch schnell ein paar getrocknete Maiskörner in den Mund und folgte dann seinem Vater.

Ohne ein Geräusch zu machen und ohne ein Wort zu sprechen gingen die Jäger den engen Pfad entlang, der sie zu den Weidegründen der Büffel führen würde.

Nachdem sie eine Weile gegangen waren, sahen sie auch schon die riesige Büffelherde grasen. Die Jäger schlichen sich leise an die Tiere heran.

„Kleiner Bär" folgte mit angehaltenem Atem seinem Vater. Die Baumwurzel, die wie ein Bison geformt war, hatte er an seinen Gürtel gebunden. Er war sicher, dass sie ihm Glück bringen würde.

Die Jäger näherten sich der Herde und dann, auf ein Zeichen stürzten sich alle mit lautem Geschrei auf die Bisons.

Die Herde setzte sich in Bewegung und rannte los. Die Jäger brüllten laut und lauter, einige schlugen wild auf kleine Trommeln. Die Männer jagten die Büffel und versuch-ten sie mit ihren Speeren zu erlegen oder schossen ihre Pfeile auf die Büffel ab.

Es war ein großes Durcheinander. Staub wirbelte auf von den Hufen der Tiere, die Jäger riefen laut, rannten hinter den Büffeln her und schleuderten ihre Speere.

„Kleiner Bär" wusste gar nicht, was er machen sollte. Er rannte mit den Männern mit und versuchte seine Pfeile aus dem Köcher zu ziehen, aber alles, was er zu Hause geübt hatte, war jetzt in der Aufregung und der Eile gar nicht mehr so einfach.

„Kleiner Bär" rannte immer hinter seinem Vater her und versuchte alles so zu machen wie er.

Der Vater zog einen Pfeil aus seinem Köcher und legte auf einen Büffel an, der recht nah vor ihm war.

Auch „Kleiner Bär" zog einen Pfeil aus seinem Köcher und legte ihn in seinen Bogen.

Mit einem Mal hielt der Büffel an. Das massige Tier drehte sich um und kam bedrohlich auf den

Vater zu. „Kleiner Bär" konnte vor Schreck nicht mal laut schreien.

Er spannte seinen Bogen und wollte auf das Tier zielen, aber sein Herz klopfte so sehr, dass er gar nicht wusste, wo er hinzielen sollte und seinen Pfeil nur einfach so abschoss.

Der Pfeil schwirrte durch die Luft und blieb vor dem Büffel im Sand stecken. Das Tier stand einen Moment still, als ob es überlegte, dann drehte es sich um und lief in die entgegengesetzte Richtung davon.

„Kleiner Bär" war erleichtert, dass seinem Vater nichts passiert war, aber gleichzeitig schämte er sich, dass er den Büffel nicht getroffen hatte.

Doch sein Vater nahm ihn in den Arm und sagte, er sei sehr stolz auf seinen Sohn, der mutig den Pfeil auf den wütenden Büffel geschossen hatte.

Es wurde noch eine erfolgreiche Jagd für die Jäger. Sie schossen so viele Büffel, dass alle wieder für lange Zeit zu essen hatten.

Sie brachten die erlegten Tiere ins Dorf. Dort bereiteten die Frauen aus dem Fleisch ein Festessen zu. Alles, was nicht gleich verzehrt wurde, trocknete man. Die Haut wurde zu Riemen und Gurten verarbeitet und aus dem Fell gab es ein neues Bett für „Kleiner Bär".

Aber das Schönste war, dass „Kleiner Bär" von seinem Vater und dem gesamten Stamm einen neuen Namen bekam. Er hieß von jetzt an: „Der mit dem Pfeil schießt" und das war ein ehrenvoller Indianername und die Wurzel, die so aussieht wie ein Bison, sollte ihn immer begleiten, denn es war sicher, dass sie ihm Glück gebracht hatte.

Häuptlinginnen gibt es nicht!

Max streifte mit seinen Freunden durch den Park. Sie spielten ihr Lieblingsspiel: Indianer auf Fährtensuche. Und Max war wie immer der Häuptling. Da gab es keinen Zweifel, Max war „Häuptling Schneller Fuß", weil er nun mal am schnellsten rennen konnte. Das mussten seine Freunde Niklas,

Kevin, und Robert neidlos anerkennen. Nur Nina muckte manchmal auf.

„Immer willst du der Häuptling sein!", maulte sie. Aber das wurde von den Jungs einfach überhört und los ging die Fährtensuche nach Bisonherden, wilden Luchsen und gefährlichen Wölfen im Park!

Nina hörte noch, wie Kevin zu Robert sagte: „Die Squaw soll froh sein, dass der Große Häuptling ‚Schneller Fuß' sie mit auf die Spurensuche nimmt!"

„Gut gesprochen, mein Bruder! Auf den Kriegspfad nehmen wir sie bestimmt nicht mit!"

Dann waren die beiden im Gebüsch verschwunden und Nina rannte ihnen wütend hinterher. „Na wartet, ihr hängt mich nicht ab. Und wir werden sehen, wer auf den Kriegspfad geht und wer hier Häuptling ist."

Die Jungen waren so in ihre Spurensuche vertieft, dass sie nicht bemerkten, wie sich zwei Krähen hoch in der Luft bekämpften und ihre Federn in der breiten Krone der großen Eiche hängen blieben.

„Oh, die Federn sind toll! Mal sehen, ob ich da ran komme!", rief Nina. Die Jungen guckten hoch.

„Diese Federn sind der richtige Schmuck für einen Häuptling!", stellte Max fest und sauste auf den Baum los. Und weil er nun mal der schnellste war, war er auch zuerst am Baum und schon auf dem ersten Ast, als Nina und die anderen ankamen.

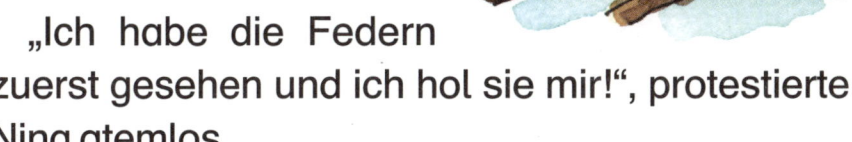

„Ich habe die Federn zuerst gesehen und ich hol sie mir!", protestierte Nina atemlos.

„Nee, nee, nee, das sind Häuptlingsfedern. Ist das klar???", fauchte Max wütend, als Nina versuchte ihn am Hosenbein festzuhalten.

Die anderen nickten zustimmend. „Klar! Federn für den Kopfschmuck des Häuptlings! Und Häuptlinginnen gibt es nicht! Ist doch klar!", bekräftigte Kevin den Ausspruch seines Häuptlings.

Niklas sagte: „Ich hab da aber gelesen ..." Niklas hatte viele Indianerbücher gelesen und wusste fast alles, aber Max hörte gar nicht zu.

„Nee, nee, nee, Häuplinginnen gibt es nun mal nicht", dann murmelte er noch „Hugh! Ich habe gesprochen!" und machte sich an den Aufstieg, denn die Federn hatten sich in einer großen Astgabel ziemlich hoch über ihm verfangen. Max stieg Ast für Ast höher und hatte dabei die Federn immer im Blick.

Kevin, Robert, Niklas standen am Fuß des Baumes und staunten, wie Max immer höher kletterte. Nina stand etwas abseits und maulte.

„Mann, bist du schon hoch!", rief Kevin von unten voller Bewunderung. Das hätte er lieber nicht machen sollen!

Max hielt kurz inne und sah herunter zu seinen Freunden. Und das hätte er besser nicht machen sollen!

Seine Freunde waren ganz weit unter ihm und sahen ganz klein aus. Max wurde schwindelig. Er klammerte sich am nächsten Ast fest und versuchte das Gleichgewicht zu halten. Er drehte sich ein bisschen um einen Blick nach oben auf die Astgabel zu werfen, wo die Federn lagen. Plötzlich fühlte er sich von hinten an der Hose festgehalten. Großer Manitu! Was war das jetzt noch?

Max versuchte sich zu drehen und dabei den Halt nicht zu verlieren. Das konnte er aber kaum, denn er hing mit dem Gürtel seiner Hose an einem kleine spitzen Ast fest.

Seine Freunde fingen an sich über ihren großen Häuptling lustig zu machen. „Eh, du gibst vielleicht 'ne komische Nummer ab!", grölte Kevin. Niklas und Robert überboten sich mit guten Vorschlägen. „Sollen wir dir das Abendbrot da hoch bringen?" „Willst du da überwintern?"

Da platze Nina der Kragen. „Häuptling ‚Schneller Fuß', halte aus, dir wird geholfen!", rief sie dem ziemlich mutlosen Max zu und kletterte geschwind wie eine Katze den Baumstamm hinauf, schob sich an Max vorbei, befreite ihn aus seiner unbequemen Lage und war mit einem weiteren Schwung bei der Astgabel angelangt, auf der die Federn der Krähen sanft im Wind schaukelten.

Nina griff sich die Federn, turnte an dem völlig verblüfften Max vorbei auf den Boden. Er folgte ihr mit weichen Knien.

Unten hielt Nina die Federn triumphierend in die Höhe. „Na, Federn für den Kopfschmucks eines Häuptlings oder einer Häuptlingin?"

„Häuptlingin? Na ja, es klingt aber komisch, das müsst ihr zugeben", brachte Max ein bisschen lahm hervor.

Niklas nutzte die Chance zu erklären, dass einige Indianerstämme sehr wohl auch Frauen zum Häuptling wählten!

„Na also!", triumphierte Nina. „Was heißt hier komisch? Ihr werdet euch schon daran gewöhnen. Und ab jetzt sind wir alle abwechselnd mal Häuptling, denn jeder kann was. Du bist der Häuptling

‚Schneller Fuß', weil du so schnell rennen kannst. Niklas wird Häuptling ‚Schlauer Kopf', weil er so viel über Indianer weiß."

Max grinste: „Dann wird Kevin Häuptling ‚Großer Mund', weil er am meisten essen kann und Robert wird Häuptling ‚Stilles Wasser', weil er so wenig sagt."

„Und du wirst die Häuptlingin ‚Kletternde Katze', weil du auf dem Baum einfach unschlagbar bist!", sagte Max. Alle waren einverstanden und zogen gemeinsam nach Hause in ihre Wigwams. Bis zum nächsten Tag im Park!

Das große Powwow

Schon seit Tagen herrschte ein geschäftiges Treiben bei dem Volk der Irokesen. Denn es war wieder Zeit für das große Powwow, das Treffen aller Stämme.

Jeden Sommer kamen die Mohawk, die Oneida, die Tuscarora und alle die anderen Angehörigen des Stammes der Irokesen zusammen und die Häuptlinge erzählten, was sich so im vergangenen Jahr zugetragen hatte, wie die Jagd verlaufen war, wie die Ernte gewesen war und ob es kriegerische Auseinandersetzungen mit den Huronen oder den Shawnee oder anderen Stämmen gegeben hatte.

Die Frauen des Stammes bereiteten das Essen für das große Fest vor. Sie hatten Mais, Bohnen und Kürbisse geerntet und daraus leckere Gerichte bereitet.

Die Männer hatten Reh-, Hirsch- und Bison-Fleisch erjagt und das wurde nun über den offenen Feuerstellen gebraten. Ein wunderbarer Duft zog durch das ganze Dorf.

Zu einem Powwow gehörten auch Tänze, Zeremonien des Medizinmannes und Wettkämpfe. Am meisten aber fieberten alle den Pferderennen entgegen.

Die Männer hatten ihre Pferde schon seit Tagen immer wieder über lange Strecken laufen lassen, sodass die Tiere gut im Training waren.

Alle Angehörigen des Stammes hatten dieses Training aufmerksam verfolgt, denn es wurde immer gewettet, welches Pferd wohl das schnellste war und diese Wette beschäftigte alle seit vielen Tagen.

„Kleiner Wolf" war zwar erst acht Jahre alt, verstand aber schon eine Menge von Pferden. Sein erstes Pony hatte er mit drei Jahren bekommen und seit der Zeit hatte er immer ein Pferd gehabt. Und er hatte die Pferde seiner Brüder und seines Vaters gepflegt, gefüttert und versorgt.

Er durfte zwar noch nicht selbst an den Pferderennen teilnehmen, aber seine Brüder und sein Vater würden mitreiten.

Sie hatten die besten Pferde des Stammes und natürlich wurden viele Wetten auf diese Pferde abgeschlossen. Auch für „Kleiner Wolf" war es völlig klar, dass er auf eines dieser Pferde wetten würde.

Der große Festtag brach an. Die Sonne schien warm vom Himmel, als nach und nach die Gäste von den anderen Stämmen eintrafen. Die Männer begrüßten sich herzlich, es wurden Geschenke ausgetauscht. Reich verzierte Streitäxte wurden gegen bunte gewebte Decken getauscht, lederne Köcher für die Pfeile gegen schön geschnitzte Pfeifen.

Die Frauen hatten bestickte Tücher und weiche Lederschuhe für ihre Freundinnen von den anderen Stämmen gefertigt.

An jeder Ecke des Dorfes standen Gruppen von Menschen zusammen und erzählten und lachten. Über

den Feuerstellen wurden die Fleischstücke gegart und die Frauen trugen viele Schalen mit köstlichen Gerichten und Körbe voller Früchte und Nüsse auf.

Die Kinder liefen überall herum, futterten hier ein paar Beeren und naschten da eine Schale Maisbrei mit süßem Ahornsirup.

Für die Kinder waren die Wettkämpfe und das Pferderennen das Allerwichtigste am großen Powwow. Auch „Kleiner Wolf" konnte es kaum abwarten, bis die Wettkämpfe starteten.

Doch erst wurde das Powwow mit einer feierlichen Rede des Häuptlings und einem Tanz des Medizinmannes eröffnet. Der Häuptling sprach alle anderen Häuptlinge der Stämme an und dankte ihnen, dass sie von weit her gekommen waren, um gemeinsam zu feiern und Gedanken auszutauschen.

Dann wurde es ganz still auf dem großen Dorfplatz. Der Medizinmann trat in die Mitte des Platzes. Er hatte eine Adlermaske auf und an seinen Armen trug er Stoffteile, die mit Adlerfedern besetzt waren. Etwas abseits saßen vier Männer und spielten auf großen und kleinen Trommeln und einer von ihnen hatte eine Rassel aus einem getrockneten Kürbis, der gefüllt war mit kleinen Steinen.

Die Männer machten Musik und der Medizin- mann begann zu tanzen. Er lief im Kreis herum und bewegte seine Arme mit den Adlerfedern, sodass er aussah wie ein Adler, der gleich losfliegen will. Die Musik wurde lauter und schneller. Der Medi- zinmann lief schneller und schneller im Kreis, er hob und senkte die Arme im Takt der Trommeln, dann sprang er schnell auf und ab, die Trommeln wurden noch schneller, die Bewegungen des Tän- zers auch, dann sprang er noch einmal hoch und fiel erschöpft zu Boden. Die Trommeln verstumm- ten, der Medizinmann erhob sich und die ersten Wettkämpfe begannen.

Zuerst spielten die Männer ein Ballspiel ge- gen die Männer eines anderen Stammes. Viele Zuschauer standen dabei und guckten zu. Für „Kleiner Wolf" war das nicht so wichtig.

Er ging zwischen den Pferden durch und begut- achtete sie mit fachmännischem Blick. Die Pferde waren alle prächtig herausgeputzt. Sie hatten Federschmuck in der Mähne, bunte Decken auf dem Rücken und Zaumzeug aus schönem, weichem Leder. Die Pferde waren gestriegelt und gebürstet, dass die Mähnen richtig glänzten.

Da sah „Kleiner Wolf" am Rande des Dorfplatzes einen Indianer mit einem sehr hässlichen Pferd. Das Tier hatte einen gedrungenen, plumpen Körperbau und das Fell war struppig.

Der Mann hatte sich ganz offenbar keine Mühe gegeben das Tier besonders herauszuputzen. Es hatte eine einfache graue Decke auf dem Rücken und auch das Zaumzeug war eher schäbig.

Der Mann grinste, als „Kleiner Wolf" das Pferd verblüfft betrachtete. „Na ja, er sieht nicht gerade besonders gut aus, aber ich wette  trotzdem auf ihn!", sagte der Besitzer und tätschelte sein Pferd.

„Kleiner Wolf" verstand wirklich viel von Pferden und er sah auf den zweiten Blick, dass dieses Pferd starke Beine, gute Muskeln und trotz seines plumpen Körperbaus einen geschmeidigen Gang hatte. Und ihm war sofort klar, dass dieses Pferd eine gute Chance hatte das Rennen zu gewinnen. Der Besitzer hatte es wahrscheinlich mit Absicht nicht so herausgeputzt, damit nur wenige Leute auf das Pferd wetten würden. Das würde für den Besitzer viele Wetteinsätze bringen.

So nach und nach kamen auch die anderen Reiter mit ihren Pferden zusammen und jeder beguckte argwöhnisch das Pferd des anderen. Dann wurden die Einsätze für die Wette in der Mitte des Dorfplatzes zusammengetragen und jeder sagte, auf welches Pferd er setzen wollte. Der eine setzte Muschelgeld, der andere eine bestickte Decke oder einen Lederbeutel oder einen Köcher für Pfeile.

„Kleiner Wolf" ging mit klopfendem Herzen zur Mitte des Platzes, legte das weiche Zaumzeug seines Pferdes als Wetteinsatz auf den Haufen, schluckte noch einmal trocken und sagte dann, dass er auf das struppige Pferd setzen wolle.

Sein Vater und seine Brüder schauten erstaunt zu ihm herüber und schüttelten die Köpfe. Sie verstanden nicht, was er tat. Ihr kleiner Bruder wusste doch, dass sie die besten Pferde hatten und einer von ihnen bestimmt gewinnen würde.

Der Besitzer des struppigen Pferdes guckte verdutzt, grinste und schwang sich auf den Rücken des Tieres.

Dann traten alle Reiter mit ihren Pferden an die Startlinie. Die Stimmung war gespannt. In der Mitte des Dorfplatzes lagen viele Wetteinsätze und alle hofften zu gewinnen.

Der Häuptling hob die Hand, Reiter und Pferde verharrten angespannt. Als der Häuptling die Hand sinken ließ, stoben die Reiter davon. Eine riesige Staubwolke nahm den Zuschauern die Sicht. Man hörte nur das Donnern der Hufe.

Die Reiter mussten bis zu einem Pfahl am Ende des Dorfes reiten, dann umkehren und zurückreiten.

Die Zuschauer standen dicht gedrängt und riefen und klatschten, als die Reiter wieder zurückkamen. Eine kleine Gruppe war vorne dicht zusammen. „Kleiner Wolf" klopfte das Herz fast so laut wie die Hufe der Pferde. Seine Brüder waren ganz weit vorne und sein Vater konnte das Rennen auch noch gewinnen.

Da schob sich wenige Meter vor dem Ziel das unscheinbare struppige Pferd unaufhaltsam vor die anderen. Der Reiter ließ ihm die Zügel locker und das Pferd fegte mit kraftvollen Schritten an allen anderen vorbei und ging als Erstes durch das Ziel.

Einen Augenblick waren die Zuschauer total verblüfft, dann brach ohrenbetäubender Jubel los.

Auf so eine Überraschung war keiner gefasst gewesen. Keiner? „Kleiner Wolf" wurde vom Häuptling in die Mitte des Dorfplatzes geholt und durfte sich mit dem Besitzer des struppigen Pferdes die Wetteinsätze teilen. Die Brüder und der Vater von „Kleiner Wolf" waren sehr stolz auf ihn und seinen sicheren Blick für ein gutes Pferd.

Noch bis in die späte Nacht wurde gefeiert, gegessen und getanzt beim großen Powwow und immer wieder wurde die Geschichte von der Wette beim Pferderennen erzählt und wie „Kleiner Wolf" seinen guten Blick für ein schnelles Pferd bewiesen hatte.

Blutsbrüderschaft

Bei Robert im Garten hatten die Freunde ein kleines Indianerzelt aufgebaut. Es sah aus wie ein indianisches Tipi. Über mehrere Stangen, die im Kreis standen, war eine bunte Decke geworfen. Niklas, der sehr viel über Indianer und ihre Zelte wusste, hatte gesagt, dass der Eingang des Tipi immer nach Osten zeigte, weil dort die Sonne aufgeht und die Sonne für die Indianer sehr wichtig war.

Da hatten die Freunde erst mal heftig gestritten, wo denn eigentlich Osten war und um diese Frage zu klären und den Streit zu schlichten musste Roberts Mutter eingreifen. Aber jetzt stand das Tipi mit dem Eingang nach Osten und die Freunde saßen davor und beratschlagten, was man denn nun spielen wollte.

Auf der anderen Seite der hohen Hecke, die den Garten umschloss, spielte ein Junge ganz allein mit seinem Ball. Nina lugte neugierig durch eine Öffnung in der Hecke. „Wer ist denn das?", fragte sie Robert.

„Der wohnt seit ein paar Tagen da!", sagte Robert wenig begeistert. „Wollen wir ihn nicht fragen, ob er mitspielen will?", fragte Nina unternehmungslustig.

„Spinnst du? Wir kennen den doch gar nicht!",
fauchte Max sofort.

„Na und, dann lernen wir ihn eben kennen. Wir
könnten doch gut noch einen in unserem Indianer-
club gebrauchen", sagte Nina ganz pragmatisch.

„Nee, nee, nee, der ist doch ein Bleichgesicht.
Das sieht man doch auf zehn Meter Entfernung",
maulte Max und Kevin bekräftigte gleich:

„Ja, und Bleichgesichtern hat ein Indianer noch nie getraut!"

„Das stimmt ja nun nicht", mischte sich Niklas ein. „Mit besonders netten Bleichgesichtern haben die Indianer sogar Blutsbrüderschaft geschlossen."

Das musste auch Robert bestätigen und Nina nickte auch ganz heftig. „Stimmt genau! Lass uns einfach rausfinden, ob er nett ist! Frag ihn, ob er mit uns spielen will!"

Nina schubste Robert fast durch die Hecke. Robert steckte seinen Kopf zwischen den Zweigen durch und rief dem fremden Jungen zu: „He, wir spielen Indianer! Willst du vielleicht mitspielen?"

Der fremde Junge, der schon die ganze Zeit sehnsüchtig in den anderen Garten hinübergeguckt hatte, kam sofort an die Hecke gelaufen. „Ja, gerne! Ich komme rüber!" Mit Roberts Hilfe teilte er die Hecke und schlüpfte durch die Zweige in den Nachbargarten.

Die Freunde standen etwas überrumpelt im Kreis. Der fremde Junge streckte die Hand aus und sagte: „Tag, ich heiße Kai! Das ist klasse, dass ich mit euch spielen kann! Ich kenne doch noch niemanden hier, wir sind ja letzte Woche erst hierher gezogen. Und alleine spielen ist entsetzlich langweilig!"

Nach dieser langen Rede schüttelten alle Kai die Hand und jeder stellte sich vor. Dann saßen sie vor dem kleinen Indianerzelt und Kai erzählte, dass er mit seinen Eltern aus einer Stadt in Süddeutschland hier in den Norden gezogen ist und dass er zwar keinen so schönen Garten hatte um Indianer zu spielen, dass er aber auch viele Indianerbücher gelesen hätte.

Das war ja nun was für Niklas. Er wollte unbedingt die Bücher sehen. Kai ging wieder durch den Durchschlupf in der Hecke und kam gleich darauf mit einem Stapel Bücher und einem Korb mit Keksen, Chips und Saft wieder.

„Hat meine Mutter spendiert! Echt dufte Squaw!", sagte Kai.

Und schon saßen alle zusammen, blätterten in den Büchern, mampften Kekse und tranken Saft.

„Eh, hier ist ein Kapitel über Blutsbrüderschaft!",
sagte Niklas. „Ich finde, Kai muss unser roter Bruder werden, wenn er mit uns spielen will!" Auch Max
und Kevin hatten ihre Bedenken gegen Kai längst
aufgegeben und stimmten ein.

„Wie jetzt, Blutsbrüderschaft??? Die Indianer
haben sich die Hand aufgeritzt und dann die
Handflächen aufeinander gedrückt. Das mach
ich aber nicht in echt!", protestierte Kai.

„Nee, nee, nee, ich auch nicht!", stimmte Max
mit ein.

„Aber ich weiß schon, wie wir es machen können!" Nina zerrte Robert mit sich ins Haus. „Komm
mal mit, wir brauchen deinen
Tuschkasten!"

Als Robert und Nina mit
dem Tuschkasten wieder
in den Garten kamen,
setzten sich die Freunde
feierlich im Kreis zusam-
men, Nina rührte rote Farbe an und jeder malte sich

einen roten Strich auf den Handballen. Dann drückte er seinen Handballen auf die Hand von Kai. Und dann war Kai ihr roter Bruder, der immer mitspielen durfte.

Um die Blutsbrüderschaft gebührend zu feiern, gab Kais Mutter im Nachbargarten eine Runde Würstchen aus. Dabei stellte Kai fest, dass man mit Ketschup gleich noch mal die Blutsbrüderschaft besiegeln könnte, stippte seinen Finger ins Ketschup und malte Nina einen Strich auf die Hand, weil er sich ganz besonders freute, dass er nun auch eine rote Schwester hatte.

Der Fischfang

„Kleiner Wolf" sah zu, wie sein Vater „Schneller Speer" die gegerbte Tierhaut spannte und zog um zu sehen, ob sie die richtige Länge für sein Boot hatte. Denn „Schneller Speer" war dabei ein Kanu zu bauen um dann damit auf Fischfang zu gehen. Sein Stamm hatte seit Urzeiten Boote aus Holz oder Kanus aus Tierhäuten benutzt um Fische zu fangen oder aber auch um Dinge auf den Flüssen zu transportieren und um auf dem Wasserwege andere Stämme zu besuchen.

„Schneller Speer" hatte viel Übung darin, ein stabiles Kanu zu bauen. Er hatte die Tierhäute wunderschön bemalt. Es waren bunte Wasservögel und große Fische darauf zu sehen. Und stolze Jäger mit Pfeil und Bogen und Fischer mit Speeren und Netzen hatte „Schneller Speer" auf die Haut seines Bootes gemalt.

Dann spannte er die Haut über ein Gerüst aus gebogenen Zweigen, die Ränder wurden mit Tiersehnen vernäht und das Kanu war fertig.

„Kleiner Wolf" fand das Boot wunderschön und er freute sich mächtig auf die erste Fahrt mit dem nagelneuen Kanu. Am meisten aber freute sich „Kleiner Wolf" darauf, dass sein Vater „Schneller Speer" ihn zum ersten Mal mit zum Fischfang nehmen wollte.

„Schneller Speer" packte die sorgfältig zusammengelegten Fischernetze in das Kanu. Dann legte er Angelruten aus biegsamen Weidenzweigen dazu und viele starke Speere.

Auch „Kleiner Wolf" packte seine Angel ins Boot, dann holte er noch die geflochtenen Körbe, in denen sein Vater die gefangenen Fische aufbewahren und nach Hause transportieren wollte.

„Schneller Speer" gab seinem Sohn ein Paddel in die Hand, ergriff selbst eins, beide stiegen ins Kanu und stießen sich vom Ufer ab.

Die Mutter von „Kleiner Wolf" stand am Flussufer und verbrannte ein paar Kräuter um die Geister der Stromschnellen und die Unterwasser-Geister gnädig zu stimmen. Dann wünschte sie ihrem Mann und ihrem Sohn einen reichen Fang und winkte den beiden nach, bis sie hinter der nächsten Flussbiegung verschwunden waren.

Die beiden folgten dem Flusslauf ein Stück. An einer etwas flacheren Stelle sah „Kleiner Wolf" in dem glasklaren Wasser einen Schwarm größere Fische hin und her schwimmen. Im seichten Wasser schimmerten ihre Schuppen silbrig. Sein Vater nahm das Netz, warf es mit geschicktem

Schwung aus und zog es ein Stück durch das Wasser.

Als er es wieder aus dem Fluss hob, zappelten viele Fische darin. Lachend hielt er seinem Sohn das prall gefüllte Netz hin und „Kleiner Wolf" hob einen der Körbe vom Boden des Kanus, damit sein Vater den Fang hineinschütten konnte. Die silbrig glitzernden Fische glitten hinein, „Kleiner Wolf" schloss den Deckel des Korbes sorgfältig mit einem geflochtenen Strick. Dann hängte er den Korb mit einer Schnur außen am Boot ins Wasser, damit die Fische frisch blieben und in der Hitze nicht verdarben.

Dann paddelten Vater und Sohn weiter zu einer tieferen, ruhigen Stelle im Fluss, wo beide ihre Angeln auswarfen. Sie saßen lange schweigend in ihrem Kanu, holten ab und zu die Angeln ein, wenn ein Fisch angebissen hatte, und verstauten die geangelten Fische auch in ihren Körben.

Sie konnten mit ihrem Fang schon ganz zufrieden sein, aber das Beste sollte ja noch kommen, wie der Vater seinem Sohn erzählte.

Sie wollten weiter flussaufwärts fahren, an die Stelle, wo man Lachse fangen konnte.

Lachse waren große, kräftige Fische, deren Fleisch frisch, aber auch getrocknet phantastisch schmeckte. Diese Fische hatten die merkwürdige Angewohnheit, jedes Jahr zur gleichen Zeit flussaufwärts zu ziehen um an einer immer gleichen Stelle ihre Eier abzulegen. Bei dieser Wanderung flussaufwärts legten sie weite Strecken zurück und waren eine leichte Beute für die indianischen Jäger.

Mit kräftigen Schlägen seines Paddels trieb der Vater das Kanu durch das Wasser. Das war nicht leicht, denn er musste gegen die Strömung des Flusses ankämpfen. Indem er das Paddel mal rechts und mal links vom Boot ins Wasser stach, hielt er das Kanu auf Kurs und kam gut voran.

Nach einiger Zeit erreichten sie eine Stelle, wo das Wasser über eine kleine Stromschnelle sprudelte. An dieser Stelle sprangen die Lachse, die ja gegen den Strom schwammen, aus dem Wasser und versuchten so die Stromschnelle zu überwinden.

Hier konnte man die Fische wunderbar mit dem Speer erlegen und ins Boot ziehen. Während „Kleiner Wolf" versuchte das Kanu auf der Stelle zu halten, indem er mit dem Paddel gegen die Strömung paddelte, ergriff sein Vater einen Speer und schleuderte ihn in die Richtung der zappelnden Fische und hatte auch schon einen erlegt.

Mit einem Seil zog er den Speer mit dem Fisch in das Boot zurück. Das machte er einige Male und die Lachse stapelten sich bald auf dem Boden des

Bootes. „Kleiner Wolf" war begeistert. Er wollte es auch einmal versuchen.

Sein Vater zeigte ihm, wie er sich in das Kanu zu knien hatte, damit er nicht aus dem Boot fiel oder mit dem gesamtem Kanu umkippte, wenn er den Speer schleuderte.

Dann drückte er seinem Sohn einen Speer in die Hand und zeigte ihm, wie er ihn kraftvoll werfen musste.

„Kleiner Wolf" wollte gerade ausholen und Schwung nehmen, da raschelte etwas im Gebüsch am Ufer des Flusses.

Vater und Sohn saßen ganz still in ihrem Kanu und hielten den Atem an. Das Buschwerk am Ufer teilte sich und eine braune zottelige Pfote schob sich durch die Blätter. Ein riesiger Braunbär stand im Unterholz an der Uferböschung und tappte auf das Wasser zu.

So einen großen Bären hatte „Kleiner Wolf" noch nie aus der Nähe gesehen. Und er wusste, dass Bären auch schwimmen können und darum die paar Meter Wasser zwischen ihrem Kanu und dem Bären keine Sicherheit bieten würden, wenn der Bär angreifen wollte.

Aber im Moment sah es nicht so aus, als ob das Riesentier angriffslustig sei. Der Bär beobachtete vielmehr angestrengt die Bewegungen der Lachse im Wasser.

Der Bär legte den Kopf schief, guckte und ging dann noch einen Schritt weiter in den Fluss.

„Kleiner Wolf" verfolgte ihn mit angstvoll aufgerissenen Augen. Er wagte kaum zu atmen und auch „Schneller Speer" hielt den Atem an. Der Bär tappte schwerfällig im Wasser herum, hob dann die gewaltige Pranke hoch, stand einen Augenblick ganz still ... und hieb dann mit seiner Riesenpranke zu und hatte einen wunderbaren, großen Lachs gefangen.

Der Bär biss herzhaft in den Fisch und es schien ihm gut zu schmecken. Er wollte einen weiteren Schritt ins Wasser machen um noch besser an die Lachse heranzukommen. „Schneller Speer" dachte, es sei besser, etwas mehr Abstand zwischen das Kanu und den Bären zu bekommen, denn so ein Riesenbär könnte das kleine Kanu mit einem Hieb seiner Pranke in Stücke hauen. Darum tauchte „Schneller Speer" leise das Paddel ins Wasser und schob das Boot ein Stück weiter in den Fluss.

In diesem Augenblick hatte der Bär gerade wieder mit seiner Riesenpranke ins Wasser gehauen, dass die Wassertropfen nach allen Seiten spritzten und ein weiterer Lachs zappelte in der Bärenpranke.

„Kleiner Wolf" hatte sich so erschocken, als der Bär ins Wasser gepatscht hatte, dass er sich im Kanu etwas vorbeugte, das Gleichgewicht verlor und kopfüber mit einem lauten Schrei ins Wasser fiel.

„Kleiner Wolf" war im ganzen Dorf dafür bekannt, dass er am lautesten schreien konnte, und „Kleiner Wolf" schrie im Wasser und zwar so laut, dass der Bär ganz verblüfft guckte und vor Verwunderung seinen gerade gefangenen Lachs wieder ins Wasser fallen ließ, sich umdrehte und im Gebüsch verschwand.

„Schneller Speer" zog seinen schreienden Sohn aus dem Wasser und Vater und Sohn waren froh, dass der Bär fort war und dass „Kleiner Wolf" nichts weiter passiert war, außer dass er pitschnass war.

„Schneller Speer" und „Kleiner Wolf" verstauten schnell ihren Fang in dem Kanu, ergriffen die Paddel und paddelten mit großer Geschwindigkeit flussabwärts nach Hause, denn sie wussten ja nicht, ob der Bär es sich nicht überlegte und noch mal wiederkommen würde.

Zu Hause freute sich das ganze Dorf über den guten Fang und gratulierten den erfolgreichen Fischern. Und als abends alle beim Lagerfeuer zusammensaßen, erzählte „Schneller Speer", wie sein Sohn einen riesigen Braunbären verjagt hatte und „Kleiner Wolf" schämte sich auch gar nicht mehr, dass er ins Wasser gefallen war und vor Angst so laut geschrien hatte.

Die Autorin

Renate Jacob wurde 1947 in Gießen geboren. Dann ist sie nach Hamburg umgezogen, hat dort ihr Abitur gemacht und beim Norddeutschen Rundfunk gelernt, wie man als Cutterin spannende Filme zusammen schneidet. Hier traf sie Ernie und Bert aus der „Sesamstraße". Sie hat viele Jahre lang schöne und lustige Fernsehsendungen für Kinder gemacht. Und da sie sich so viele Fernseh-Geschichten über Samson und Tiffy und für die Knetemännchen der „Sesamstraße" ausgedacht hat, hatte sie jetzt Lust sich auch mal ein Buch für Kinder auszudenken.

Der Illustrator

Rooobert Bayer wurde 1968 in Wien geboren. Schon als Kind zeichnete er Tag und Nacht und vor seinen Filzstiften war nichts sicher. Als er eines Nachts seinem Vater im Schlaf einen Schnurrbart malte, musste er Tags darauf aus der Wohnung ausziehen. Er war ja immerhin schon 24 Jahre alt. Jetzt malte er Karikaturen, große Wandgemälde, Cartoons und auch sonst noch allerhand. Mittlerweile illustriert er hauptsächlich Kinderbücher und fürchtet sich vor dem Tag, wenn ihm seine eigenen Kinder einmal in der Nacht ...

SCHMÖKERBÄREN

In dieser Reihe neu erschienen:

3-8112-1980-4

3-8112-1981-2

3-8112-1982-0

3-8112-1983-9

Und zum Weiter-
lesen ...

Spaß und Spannung
garantieren auch die
neuen Geschichten
für Schmökerbären
ab 8 Jahren. Dafür
sorgen mutlose und
verliebte Ritter, aber
auch Delfine, die
Kindern aus so man-
cher Notlage helfen.
So richtig abenteuer-
lich wird es bei den
Indianern und Hoch-
spannung pur liefert
der Krimiband.

In der Schmökerbären - Reihe sind bereits erschienen:

3-8112-1924-3

3-8112-1922-7

3-8112-1925-1

3-8112-1926-X

3-8112-1923-5

3-8112-1927-8

Je 128 Seiten, durchgehend farbig illustriert, Format 15,1 x 20,0 cm.

gondolino